余り毛糸があったから

成美堂出版

Contents

余り毛糸をとことん楽しもう！ 4
余り毛糸を使う前の下準備 6
よく使う毛糸の太さの目安 7
余り毛糸のストック方法 8

作品アイディア ＆ 作り方

キッチン小物
- 01 コースター 10
- 02 ポットホルダー 12
- 03 なべしき 13
- 04 グラスカバー 14
- 05 ティーマット 15

おでかけ小物 | ポーチ＆カバー
- 12 立体モチーフ巾着 28
- 13 玉編み巾着 29
- 14 がま口 30
- 15 カードケース 31
- 16 ポケットティッシュカバー 32
- 17 リップクリームケース 32

そうじ小物
- 24 ミニたわし 56
- 25 ミニはたき 57

手芸小物
- 26 ピンクッション 60
- 27 収納かご 61
- 28 ペンケース 61

リビング小物
- 33 市松マット 76
- 34 ルームシューズ 78
- 35 ティッシュボックスカバー 79
- 36 クッションカバー 79

余り毛糸をとことん楽しもう!

本書では1玉以下のものを "余り毛糸" としています

何かを編んだら、必ずといっていいほど毛糸が残ります。なぜなら購入した糸玉の数ピッタリで編み終わる作品は少ないから。そこで本書では、余り毛糸の基準を1玉(重さ40g)以下として、その活用方法を考えました。素材はウールなどの冬素材のほか、コットンや麻などの夏素材も使っています。1玉の重さや糸長は、糸の太さや素材、メーカーによって違うので、アレンジしながら本書を使ってください。

40g玉が多い素材

ウール　コットン　ラフィア風の糸

25g前後の小巻きもある素材

コットン　ファンシーヤーン　モヘヤ

こんな毛糸が余りがち

- **梱包などに使う麻ひも**
  手芸糸と違い、もともと1玉の量が多いので残りがち。
- **ロット違いの毛糸**
  同じ種類の糸を購入したものの、ロット違い(染め時期の違い)で微妙に色が違った糸玉。
- **ウェア用の糸**
  使用糸が足りなくならないよう、多めに購入する場合が多いので、その分、残りがち。

何を作るか迷ったら
まずはおうち小物から

余り毛糸を使う場合、難しいのは色合わせ。カラフルになりがちなので、慣れないうちは家の中で使う小物を選ぶと安心です。ワンポイントに使えるアクセサリーやバッグなどに入れて使う小物類もおすすめ。糸の選び方や色の組み合わせ方がわかってきたら、バッグなどのおでかけ小物にも挑戦しましょう。

すぐ作るなら
編まなくたってOK!

ふわふわした毛糸はそのままでもかわいい素材。くるくる巻いたり、束ねたりするだけでも小物が作れます。数本の糸を組んで太めにひもにしておけば、ラッピングなどの飾りひもとしても使えます(→P.45)。編み図不要、短時間で作れる「編まない小物」は、とっても手軽なアイテムです。

配色は自由！
手元にある余り毛糸しだいで
作品の印象も変わります

本書の作品は「こんな毛糸があったら、こんなものが作れるよ」というアイディア提案。残っている毛糸は人によってさまざまだから、紹介している材料を目安にしてどんどんアレンジしてください。置き換えがしやすいように、使用した糸を太さ別に分けて、それぞれの総重量を記しています。配色はお好みで！

使用した糸の総重量
並太毛糸 22g

ここで必要な糸量を確認！
太さ別に必要量を表記しているので、手元の余り毛糸の残量と比べてみましょう。※糸の撚り方や素材などによって同じ重量でも糸の長さが変わるので、編みながら調整しましょう。

材料と用具
糸 並太毛糸 a…A_ホワイト11g、B_レッド6g、C_ミントグリーン3g、D_イエロー2g
針 かぎ針6/0号

配色はここを参考に！
実際の配色は手元の余り毛糸しだい。材料の表記は色数や色みの系統の参考にしましょう。

多色モチーフをつなげてみたり

小物を作りまくったり

あえてランダムにしてみたり

ボーダーにしてみたり

素材違いで作ってみたり

アレンジアイディア

1色だけ買い足すのもおすすめ！
ちょっとずつ残った糸で編んだ多色モチーフは、そのままではバラバラな印象になりがちです。でも、最後にモチーフ同士を編みつなげる糸を1色で統一するとまとまりが生まれます。

余り毛糸を使う前の下準備

使う糸の太さを決めましょう

余り毛糸で作品を編むことは、冷蔵庫にあるものだけで料理を作ることと似ています。まずは、最初にどんな毛糸（材料）が残っているかを確認しましょう。ポイントは太さです。どの太さの糸がどれくらい残っているかがわかれば、作れるアイテムも決まってきます。

1 同じくらいの太さの糸を集める

ラベルが残っている毛糸はその表示に合わせて、毛糸だけ残っているものはP.7の写真を参考に太さ別に分けておきましょう。さらに同系色でまとめておくと使いやすくなります。

こんな糸もあると便利！

極細のモヘヤ糸やニュアンスのあるファンシーヤーンは、ストレートの糸と2本どりにして使えます。1本では何が編めるか悩みがちな素材も使い道はいろいろあります。

モヘヤ糸
ファンシーヤーン

2 糸の太さを揃える

細糸は何本か揃えて束にすると、1本の太糸として使うことができます。たとえば、中細2本は並太の毛糸と同じくらいの太さになります。こうすると使える糸量が増えるので、ブランケットのような少し大きめの作品にも挑戦しやすくなります。

＊毛糸の太さは素材や撚り具合によって少しずつ違うので、糸の組み合わせをいろいろ試して、一番近くなるようにしてください。

並太1本
中細2本

並太1本 　中細2本どり

2本どりは色や素材を変えても楽しい！

中細2本どり　中細 同系色の2本どり　並太＋モヘヤ糸

アレンジアイディア

毛糸の太さを変えれば同じ編み図で編んでもサイズが変わります

同じ編み図でも、細い糸で編めば小さく、太い糸で編めば大きく仕上がります。スワッチを編んでみて、どれくらい寸法が変わるかを調べれば、大体のできあがりサイズも予想できます。

並太

極太

捨てないで！
毛糸のラベルがお役立ち

毛糸のラベルは捨てずにとっておきましょう。ラベルは、色番号や適合針などの情報が見えるように巻き直し、紙の余分を畳んでマスキングテープなどで固定します。

実物大 よく使う毛糸の太さの目安

作品に使用したおもな毛糸類の見本です。お手元の毛糸を写真と重ねてみて、太さの参考にしてください。

※極細〜などの太さの表記は目安です。

ウール糸

極太 適合針_かぎ針 8/0 号〜10/0 号、棒針 10 号〜12 号

並太 適合針_かぎ針 5/0 号〜7/0 号、棒針 6 号〜10 号

合太 適合針_かぎ針 3/0 号〜5/0 号、棒針 3 号〜6 号

中細 適合針_かぎ針 2/0 号〜3/0 号、棒針 2 号〜4 号

極細 適合針_レース針&かぎ針 0 号〜3/0 号、棒針 0 号〜2 号

モヘヤ糸

合太 適合針_かぎ針 4/0 号前後、棒針 5 号〜6 号

極細 適合針_レース針&かぎ針 0 号〜3/0 号、棒針 0 号〜2 号

ファーヤーン

超極太 適合針_かぎ針 10/0 号〜10mm 、棒針 10 号〜12 号

コットン糸

中細 適合針_かぎ針 2/0〜3/0 号前後、棒針 2 号〜4 号

極細 適合針_レース針&かぎ針 0 号〜3/0 号、棒針 0 号〜2 号

紙・ラフィア系の糸

合太 適合針_かぎ針 5/0 号〜7/0 号

並太 適合針_かぎ針 5/0 号〜7/0 号

麻ひも

直径約 2mm 合針_かぎ針 8/0 号前後

余り毛糸のストック方法

糸玉にしておきましょう

余り毛糸は新品の糸玉より小さくなっているので、当初の巻きがほぐれてしまったり、糸端がからまったりしがちです。そんな糸は巻き直して形を整えておきましょう。短い毛糸はほどけにくい「はた結び」でつなぎ、ランダムな配色の糸玉にしておくと便利です。

1 毛糸をつなぐ（はた結び）

2 糸玉にする

2本の糸を交差させる。

A糸をB糸の下から出し、A糸の下に回して、B糸の上に出す。

B糸をA糸の輪の中に通す。

糸端を引いて引きしめる。

糸端をラップ芯などの筒にマスキングテープで固定し、くるくる巻きつける。

巻きが安定したら（15〜20回が目安）、巻いた糸幅の下から上へ向かって斜めに巻く。

少し巻いたら、筒を回して位置をずらし、同様に斜めに巻く。

すべて巻き終わったら、マスキングテープを外して、糸玉を抜き取る。

巻き終わりの糸端は糸玉に挟んでおく。

収納アイディア

ごく少量の毛糸はジッパー付き保存袋に

中身を書いておくとgood！

不揃いな糸玉は収納ポーチや旅行用の収納袋に

少量の毛糸は台紙に巻いておくと便利です

ラッピングのひもにしたり、ダーニング（お繕い）に使ったりと、糸玉にできない短い毛糸もたくさん使い道があります。台紙は右の型紙を厚紙に写してカットするだけ。かわいい包装紙などを貼っても素敵です。

台紙　実物大型紙

作品アイディア
&
作り方

作品に使用した糸の色や太さは目安です。
実際はお手元にある余り毛糸を利用して、
配色を変えたり、太さを揃えたりして、アレンジを楽しんでください。

キッチン小物

01 コースター

使用糸 a ラフィア系の糸、b・c・f 並太毛糸、
d 並太コットン糸、e 中細コットン糸

制作 d 青木恵理子、d以外 spārni

編み方 → P.11

a

b

c

d

e

f

Point
コースターはごく少量の余り毛糸で編めるアイテム No.1！
1枚編める量なら単色で、
少量ずつなら段ごとに色替えをして。
作りためれば、モチーフつなぎにも使えます。

Crochet & Knitting

すぐ編めて、すぐ使える コースターレシピ

a

材料と用具

糸 ラフィア系の糸 ナチュラル 3g

針 かぎ針6/0号

サイズ

7.5×7.5cm

編み方

スクエアモチーフバッグの編み図（P.54）を参照し、モチーフを3段編む

b

材料と用具

糸 並太毛糸 ベージュ少量、からし2g、グリーン1g

針 かぎ針6/0号

サイズ

6×6cm

編み方

ガーベラモチーフのサコッシュの編み図（P.50）を参照し、モチーフを3段編む。

c

材料と用具

糸 並太毛糸 ピンク1g、オフホワイト1g、ベージュ3g

針 かぎ針6/0号

◁ 糸をつける
◀ 糸を切る

8.8cm

d

材料と用具

糸 並太コットン糸 オフホワイト7g、ミント9g

針 かぎ針5/0号

サイズ

12.5×12.5cm

編み方

ポケットティッシュカバーの編み図（P.40）を参照し、作り目31目で9段編む。

e

材料と用具

糸 中細コットン糸 イエロー4g

針 かぎ針2/0号

サイズ

直径7cm

編み方

ティーマットの編み図（P.18）を参照し、モチーフを単色で6段編む。

f

材料と用具

糸 並太毛糸 オフホワイト3g、グレー4g

針 棒針6号

□＝□表目

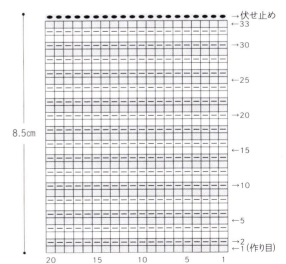

キッチン小物

02 ポットホルダー

使用糸　並太毛糸
使用針　かぎ針6/0号

制作　池上 舞

編み方 → P.16

> **Point**
> 糸を選ぶときは、
> 中心の立体モチーフの花を、
> 一番目立つ色にしましょう。
> 花を段染め糸で濃淡をつけても
> 可愛く仕上がります。

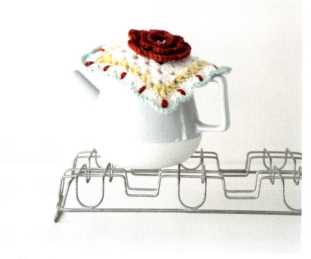

キッチンが華やぐ鍋つかみ(ポットホルダー)です。

03 なべしき

使用糸 合太毛糸

制作 横川博子

Point
キルト芯を巻いた厚紙に、
毛糸をぐるぐる巻くだけ！
（作品の厚紙は直径11cmの円の
中心に直径4cmの穴）
糸は好みの太さでOKです。

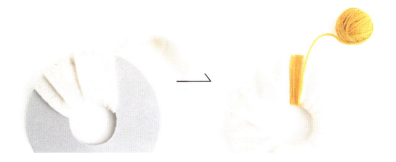

一輪挿しなどのカバーとしても使えます。

04 グラスカバー

使用糸 合太コットン糸
使用針 かぎ針4/0号

制作 おのゆうこ（ucono）

編み方→P.17

Point

洗っても型崩れしにくいコットン糸を採用。
濃い色を底側に使うと
安定感のある配色に。
糸量が足りなければベルト無しでもOK。

05 ティーマット

使用糸 極細コットン糸、極細リリヤーン糸、中細毛糸
使用針 かぎ針 3/0号

制作 池上 舞

編み方→ P.18

Point

余り糸で作るモチーフつなぎは、
縁まわりに使う色だけ買い足すと統一感が出ます。
使用したとき、目立ちすぎない淡い配色が◎。

02 ポットホルダー
Photo → P.12

使用した糸の総重量
並太毛糸 22g

材料と用具
- 糸 並太毛糸 a…A_ホワイト11g、B_レッド6g、C_ミントグリーン3g、D_イエロー2g
- 針 かぎ針6/0号

編み方 *色は配色表を参照して編む。

1. わの作り目で6目編み、配色表を参照しながら編む。
2. 中心にフレンチノットステッチをする。レゼーデージーステッチは13段めと14段めの間から糸を出し、ステッチを刺したら13段めの根元をすくい、裏の細編みに通して次のステッチ位置まで糸を渡す。

本体1〜8段め

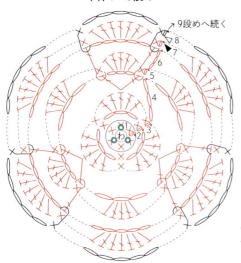

○ =フレンチノットステッチ位置(C色・5回巻き)
♡ =レゼーデージーステッチ位置(B色)

本体

◁ 糸をつける
◀ 糸を切る

本体9〜15段め

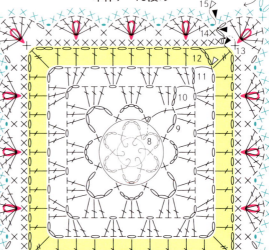

配色表

段数	色
15	C
13・14	A
12	D
8〜11	A
1〜7	B

04 グラスカバー
Photo → P.14

使用した糸の総重量
合太コットン糸 23g

材料と用具

- **糸** 合太コットン糸 A_オフホワイト12g、B_黒11g
- **針** かぎ針4/0号
- **その他** 直径12mmのボタン 2個

編み方

1. B色で、わの作り目で16目(立ち上がりの鎖3目と長編み15目)編み、増し目をしながら底を編む。
2. 側面は途中で配色をしながら図のように編む。
3. ベルトを編み、指定位置にボタンを縫いつける。
4. 側面の指定位置にベルトを通し、ボタンをとめる。

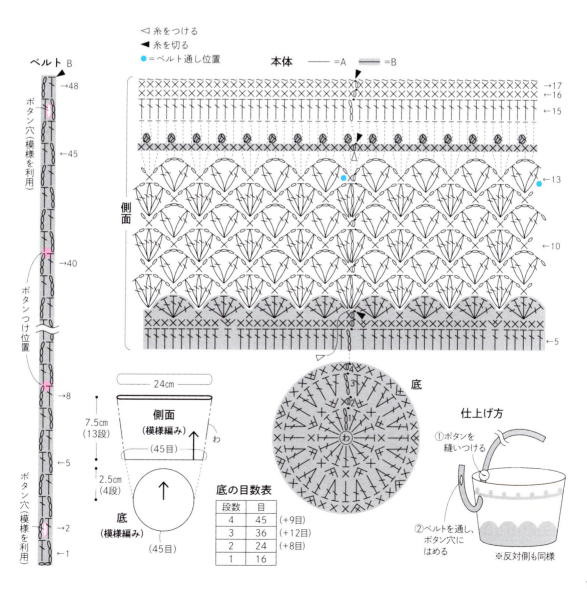

05 ティーマット

Photo → P.15

使用した糸の総重量
極細糸58g、中細毛糸20g

材料と用具

- 糸 極細コットン糸 A_ホワイト42g、B_ベージュ8g
  極細リリヤーン糸 E_パープル8g
  中細毛糸 C_ミントグリーン11g、D_ピンク9g
- 針 かぎ針3/0号

編み方 *色は配色表を参照して編む。

1. わの作り目で6目編み、配色表を参照しながら1枚めのモチーフを編む。2枚め以降は番号順に編みながら8段めで編みつないでいく。
2. 縁編みを編む。

モチーフ a・b・c・d 各5枚

◁ 糸をつける
◀ 糸を切る

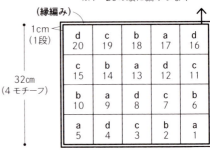

本体（モチーフつなぎ）
※1〜20の順に編みつなぐ

配色表

段数	a	b	c	d
6〜8	A	A	A	A
5	C	D	B	E
4	A	A	A	A
3	B	E	C	D
1・2	E	C	D	B

アクセサリー

06 ヘアゴム&ブローチ

使用糸 中細コットン糸
使用針 かぎ針3/0号

制作 青木恵理子

編み方→ P.24

> **Point**
> 太めのコットンレース糸がおすすめ。
> ヘアゴムのモチーフは少量の糸で作れます。
> 色を替えるタイミングはお好みで。
> ブローチピンをつけてブローチにしても楽しいです。

07 ヘアバンド

使用糸 並太毛糸
使用針 棒針7号

制作 青木恵理子

編み方→ P.25

> **Point**
> 色を替える位置は、
> 手元の毛糸の量によってアレンジを。
> 多色にしても可愛い仕上がりに。
> 長さは輪にする前に頭に当てて調整しましょう。

08 ヘアピン&シュシュ

使用糸 極細コットン糸
使用針 かぎ針2/0号

制作 おのゆうこ(ucono)

編み方→ P.26

Point
シュシュは糸を少しずつ使ったカラフルな方眼編み。
立体的な3段の花モチーフは、
糸を切らずに編めるようにしました。
ヘアピンは花だけで手軽に作れます。

09 花のブローチ

使用糸 中細コットン糸
使用針 かぎ針3/0号

制作 おのゆうこ (ucono)

編み方 → P.42

Point
ラメ入りのコットン糸は
アクセサリーにぴったり。
花びらに方眼編み風の透かしを入れて、
立体的な大きな花を軽く仕上げています。

10 タッセルチャーム

使用糸 合太毛糸、ファンシーヤーン

制作 横川博子

How to make
毛糸とファンシーヤーンでタッセルを作り、
キーチェーンをつければ
華やかなチャームになります。
(タッセルの作り方 → P.27)

Point
5円玉の小さな穴にかぎ針を通して編みくるむので、細めでふんわりした糸がおすすめ。
5円玉は酢やレモン汁につけてきれいにしておきましょう。
ちょっとしたプレゼントにも。

11 5円玉おまもり

使用糸　合太モヘヤ糸、中細毛糸
使用針　かぎ針2/0号

制作　青木恵理子

編み方 → P.27

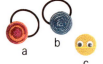

06 ヘアゴム&ブローチ
Photo → P.20

使用した糸の総重量
中細コットン糸 各約 4g

材料と用具

- **糸** 中細コットン糸 a…A_赤 2g、B_オレンジ 1g、C_ピンク 1g
  b…D_白 3g、E_青 2g
  c…F_黄 3g
- **針** かぎ針 3/0 号
- **その他** 直径 4cm のプラくるみボタン土台 各 1 個、
  ヘアゴム 各 1 本 (a・b)、
  2.5cm のブローチピン 1 本 (c)、
  12mm の目玉ボタン 1 組 (c)

編み方

1. わの作り目で6目編み、立ち上がりなしでぐるぐると編み進める。aはランダムに糸を替えながら編む。bはD色で10段めまで編んだら糸を休め、E色で1〜9段めまで引き抜き編みをする。cはF色で10段めまで編む。
2. それぞれ10段めを編み終えたら、プラくるみボタンの土台を編み地に入れて続きを編む。
3. a・bは裏中心にヘアゴムを縫いつける。cは表の指定位置に目玉ボタンを、裏にブローチピンを縫いつける。

目数表

段数	目
15	6
14	12
13	18
12	24
11	30
10	36
9	42
8	48
7	42
6	36
5	30
4	24
3	18
2	12
1	6

毎段 (−6) : 段9〜15
毎段 (+6) : 段1〜8

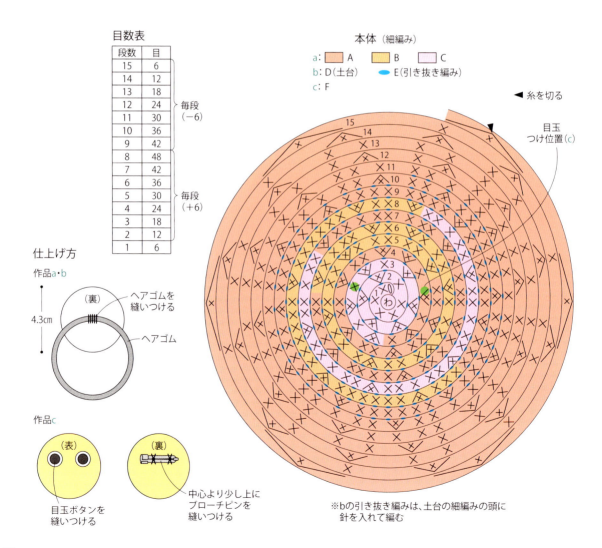

※bの引き抜き編みは、土台の細編みの頭に針を入れて編む

07 ヘアバンド
Photo → P.20

使用した糸の総重量
並太毛糸 38g

材料と用具

- 糸 並太毛糸 A_紺26g、B_浅葱12g
- 針 棒針7号

ゲージ

模様編み 42目×30段（10cm四方）

編み方

1. B色で、指でかける作り目で25目作る。
2. 指定位置で交差編みをしながら、132段編む。
3. 伏せ止めし、編み始めの段と編み終わりの段をメリヤスはぎして繋げる。

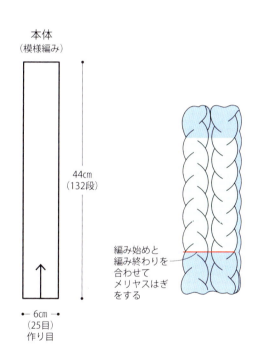

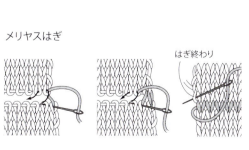

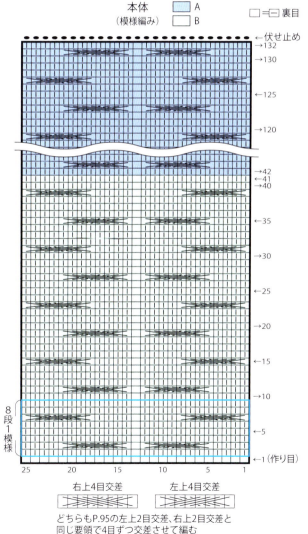

08 ヘアピン&シュシュ
Photo → P.21

使用した糸の総重量
極細コットン糸 ヘアピン各3g
シュシュ27g

材料と用具

糸

ヘアピン
極細コットン糸　a…A_濃ピンク・B_薄ピンク・C_くすみピンク 各1g
　　　　　　　　b…A_水色・B_浅葱色・C_薄水色 各1g

シュシュ
極細コットン糸　A_パステルグリーン11g、B_薄紫・C_クリーム・D_からし・E_レンガ色 各3g、F_ホワイト4g

針　かぎ針2/0号

その他
ヘアピン　台座つきヘアピン(6cm)各1個、接着剤 適宜
シュシュ　ヘアゴム(18cm)1本

編み方　*色は配色表を参照して編む。

ヘアピン

1. わの作り目で花芯は5目、花びらは6目編み、花芯は同色で2段、花びらは配色しながら6段編む。
2. 花芯を花びらの中心にとじつけ、裏にヘアピンを接着剤でつける。

シュシュ

1. 鎖150目を作り、わにする。1段めは鎖の手前半目と裏山を拾って編む。2段め以降は配色表を参照して編む。
2. F色でベルトを編む。
3. F色で花モチーフを編み、ヘアピンと同様にまとめる。
4. シュシュのまとめ方(P.27)を参照して、まとめる。

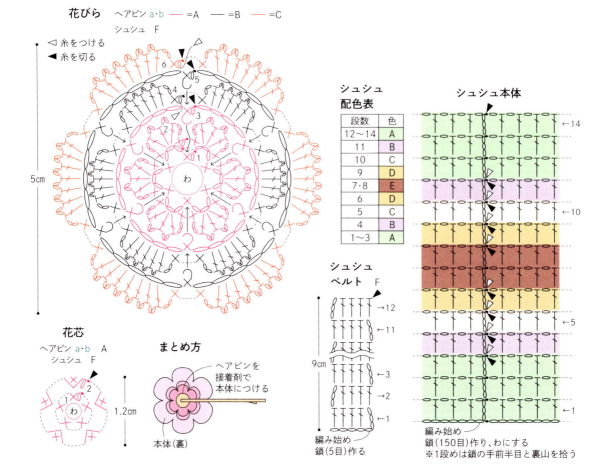

a b c

11 5円玉おまもり
Photo → P.23

使用した糸の総重量
合太モヘヤ糸1〜3gまたは中細毛糸3g

材料と用具

- **糸** 合太モヘヤ糸 a…紫1g
  b…ピンク3g（タッセル分含む）
  中細毛糸 c…ターコイズブルー3g（タッセル分含む）
- **針** かぎ針2/0号
- **その他** 5円玉 各1枚

＊酢やレモン汁に浸けてきれいにしておくとよい

編み方

1. 5円玉の穴に針を入れて糸を引き出し、細編み15目で編みくるむ。
2. 編み図を参照して2段目を編み終えたら、続けて鎖40目を編み、糸を切る。
3. bとcはタッセルを作り、仕上げ方を参照してそれぞれにつける。

P.26の続き
シュシュのまとめ方

①外表に半分に折り、編み始めと編み終わりを巻きかがる
②編み目の隙間からゴムを通し、結ぶ

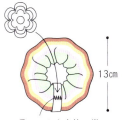
③ベルトを本体に巻いて巻きかがり、花モチーフをとじつける

本体（共通）
a 紫 b ピンク c ターコイズブルー

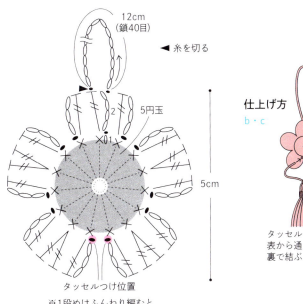

※1段目はふんわり編むと5円玉を隠しやすい

仕上げ方
b・c

タッセルつけ位置に表から通して裏で結ぶ

アクセサリー

タッセルの作り方

結びひも(30cm)を厚紙(写真は12×5cm)に固定し、厚紙の中央に毛糸を約50回巻く。

結びひもを固く結んでから、厚紙をはずし、下部の輪をカットする。

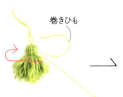
巻きひも(50cm)で上部を束ねて片方を短くして結び、長い糸端をぐるぐると巻きつける。

巻きひもの糸端をとじ針で束の中へ通し、束の先を切り揃える。

| おでかけ小物 | ポーチ&カバー |

12 立体モチーフ巾着

使用糸 中細コットン糸、中細モール糸
使用針 かぎ針4/0号

制作 おのゆうこ（ucono）

編み方 → P.36

Point
花びらを毛糸とモール糸で交互に編んで、
より立体的なモチーフに。
モール糸は残量に合わせてひもや縁編みにも使いましょう。

13 玉編み巾着

使用糸 並太毛糸
使用針 かぎ針5/0号

制作 おのゆうこ(ucono)

編み方 → P.38

Point
少量の毛糸をたくさん使える作品です。
1段ごとに色を替えて編んでいます。
作品は同系色ですが、
ランダムな配色でも楽しい。

14 がま口

使用糸　合太毛糸
使用針　かぎ針5/0号

制作　おのゆうこ（ucono）

編み方 → P.37

Point

余り毛糸で作りやすいがま口は、
小さなコインパースサイズ。
作品では幅8cm×高さ6cmの縫いつけ型の口金を使用しました。
細編みメインで密に編むので内布なしでOK。

15 カードケース

使用糸 並太ペーパーヤーン
使用針 かぎ針6/0号

制作 青木恵理子

編み方 → P.39

Point
作品は撚りをかけたペーパーヤーンを
使用していますが、
かぎ針6/0号で編むラフィア系の糸でも
近いサイズで作れます。
必ず試し編みで寸法確認してから編み始めましょう。

16 ポケットティッシュカバー

使用糸 合太毛糸
使用針 かぎ針4/0号

制作 青木恵理子

編み方 → P.40

Point
編み始め&編み終わりが同じ色なので、
糸2色のうち、多い方の色から編み始めます。
長編みはコンパクトに編むのがコツ。

17 リップクリームケース

使用糸 中細毛糸、中細コットン糸
使用針 かぎ針3/0号

制作 おのゆうこ(ucono)

編み方 → P.41

Point
5g以下で編める作品です。
長さはリップクリームに合わせてアレンジ。
配色のピッチが短い
ソックヤーンが重宝します。

18 ファスナーポーチ

使用糸　極太毛糸
使用針　かぎ針7/0号

制作　青木恵理子

編み方 → P.43

Point
多色が少しずつ残っているときに向いている作品。
全色の糸の太さが同じなら、
細糸でも太糸でも同様に編めます。
その場合、ファスナーの長さは完成した袋に合わせて変更を。

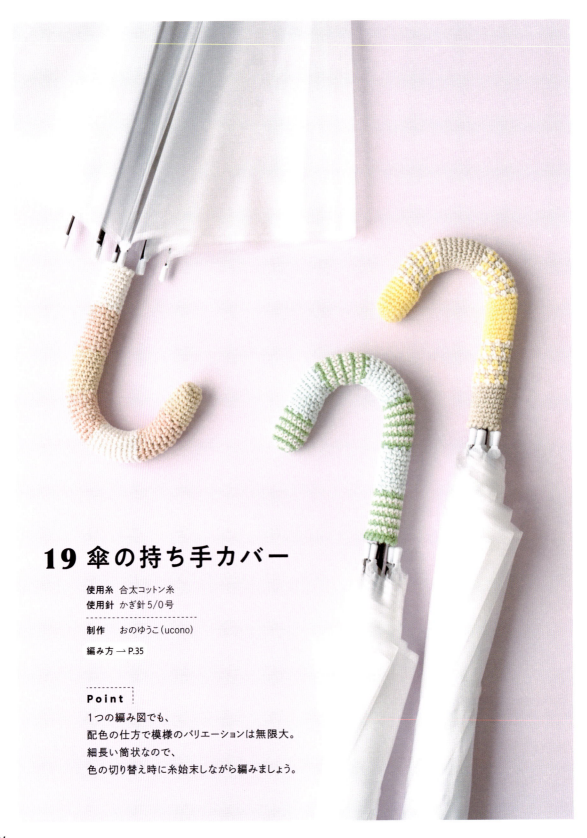

19 傘の持ち手カバー

使用糸 合太コットン糸
使用針 かぎ針5/0号

制作 おのゆうこ（ucono）

編み方 → P.35

Point
1つの編み図でも、
配色の仕方で模様のバリエーションは無限大。
細長い筒状なので、
色の切り替え時に糸始末しながら編みましょう。

a b c

19 傘の持ち手カバー
Photo → P.34

使用した糸の総重量
合太コットン糸 各約15g

材料と用具

糸　合太コットン糸　a…A_黄 6g、B_ベージュ7g、C_オフホワイト 3g
　　　　　　　　　b…A_クリーム 4g、B_オフホワイト5g、C_薄ピンク 6g
　　　　　　　　　c…A_グリーン 5g、B_オフホワイト4g、C_水色 6g

針　かぎ針 5/0号

ゲージ

24目×25段（10cm四方）

編み方

1. わの作り目で6目編み、編み図を参照して増減、配色しながら65段めまで編む。配色糸が長く渡るところは、一度糸を切り、新たな配色位置でつけ直してもよい。

2. 66段めはバック細編みを編む。

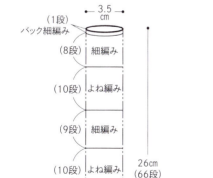

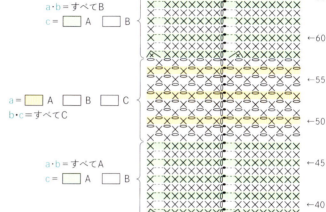

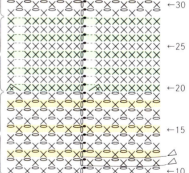

おでかけ小物

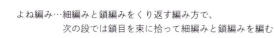

よね編み…細編みと鎖編みをくり返す編み方で、
　　　　　次の段では鎖目を束に拾って細編みと鎖編みを編む

35

a b

12 立体モチーフ巾着
Photo → P.28

使用した糸の総重量
中細コットン糸 各17g
中細モール糸 各5g

材料と用具

- 糸…a…中細コットン糸 A_淡ピンク17g、
  中細モール糸 B_ピンク5g
  b…中細コットン糸 A_黄17g、
  中細モール糸 B_淡黄5g
- 針 かぎ針4/0号

編み方

1. モチーフは、わの作り目で6目編み、配色しながら2枚編む。
2. モチーフ2枚を外表に合わせ、脇と底を巻きかがる。
3. 縁編みを編む。
4. ひもを編み、縁編みの指定位置に通す。
5. ひも飾りを編み、ひもの先にとじつける。

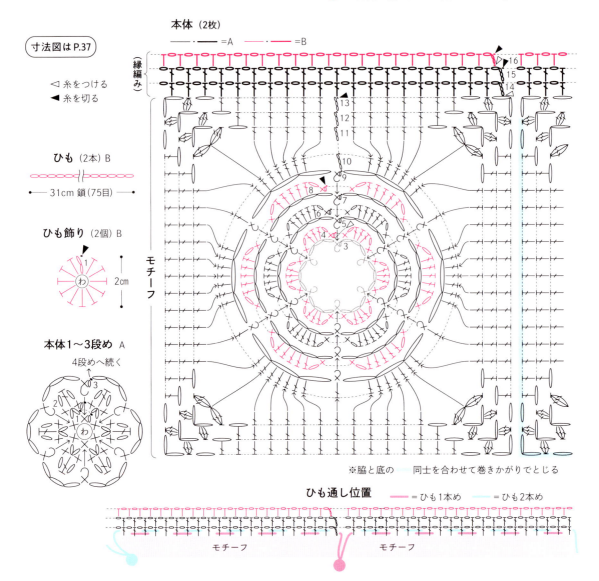

14 がま口
Photo → P.30

使用した糸の総重量
合太毛糸 各11g

材料と用具

糸　合太毛糸　a…深緑、b…生成り、c…ベージュ 各11g
針　かぎ針 5/0号
その他　がま口口金（幅8×高さ6cm/縫いつけタイプ）

ゲージ

玉編み模様編み 55目×31段（10cm四方）

編み方

1. わの作り目で6目編み、編み図を参照して増し目をしながら底を編み、続けて側面を編む。
2. 左右4目空けて、半返し縫いで口金に縫いつける。

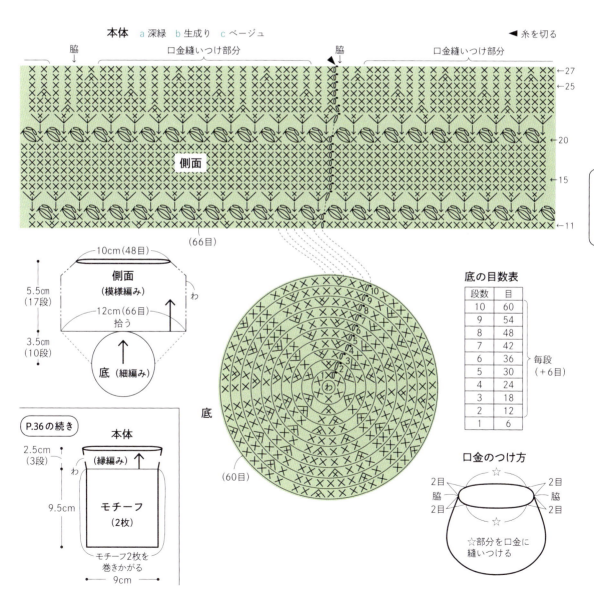

底の目数表

段数	目
10	60
9	54
8	48
7	42
6	36
5	30
4	24
3	18
2	12
1	6

毎段（+6目）

13 玉編み巾着
Photo → P.29

使用した糸の総重量
並太毛糸 各約63g

材料と用具

糸 並太毛糸　a…A_深緑 15g、B_淡黄緑 13g、C_からし 11g、
D_クリーム 12g、E_生成り 12g
b…F_紫 15g、G_濃ピンク 13g、H_薄ピンク 11g、
I_サーモンピンク 12g、J_黒 4g、K_白 5g

針 かぎ針5/0号

ゲージ

模様編み 21目×14段（10cm四方）

編み方
*色はP.39の配色表を参照して編む。

1. わの作り目で6目編み、編み図を参照して増し目・配色しながら底を編み、続けて側面を編む。
2. ひもを2本編み、本体の指定位置に通す。
3. 編み玉を2個編み、ひもの先にとじつける。

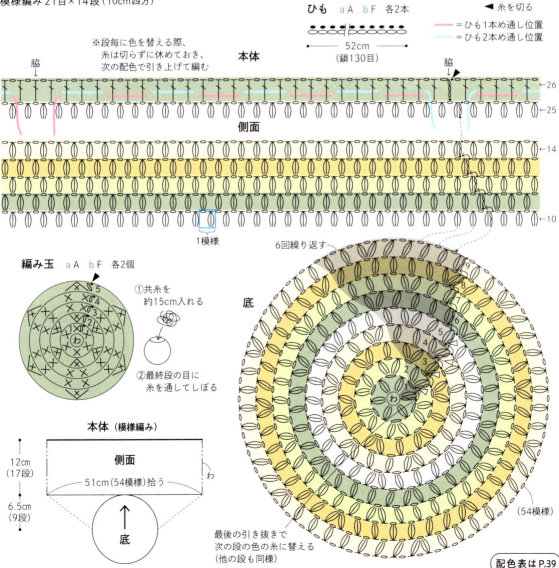

15 カードケース

Photo → P.31

使用した糸の総重量
並太ペーパーヤーン 30g

材料と用具

- **糸** 並太ペーパーヤーン A_オフホワイト17g、B_グリーン13g
- **針** かぎ針6/0号
- **その他** ニッケルスナップボタン(直径12mm)1組

ゲージ

長編み 10目×4段(5cm四方)

編み方

1. A色で鎖26目作り、ふた部分はB色に替えて図のように往復編みで4段編む。
2. 4段めまで編んだら折り位置で折り、脇を引き抜き編みではぐ。
3. 反対側の脇に糸をつけ、同様に引き抜き編みで脇をはぐ。
4. ふたと本体の指定位置にスナップボタンをそれぞれ縫いつける。

【長編みの色替え】
①配色位置の1目手前の目を未完成の長編み(P.92)まで編む。
②A色の糸を針にかけ(裏の段は向こう側から手前/表の段は手前から向こう側)、編み地の裏になる側で休ませる。
③B色の糸に替えて引き抜く。
※反対側も同じ要領で替える。

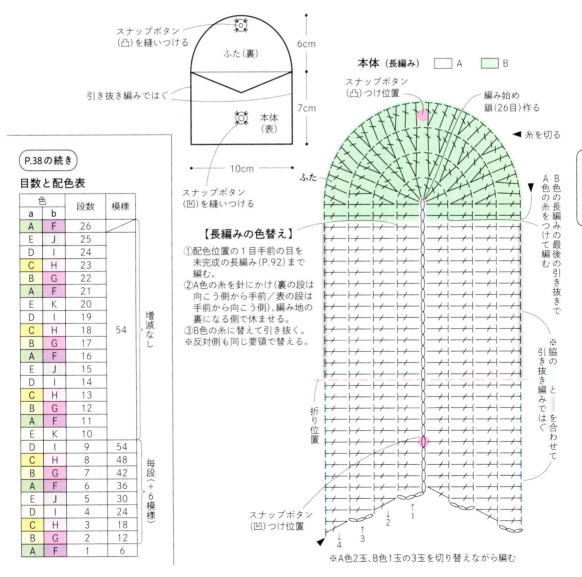

P.38の続き

目数と配色表

色a	色b	段数	模様
A	F	26	
E	J	25	
D	I	24	
C	H	23	
B	G	22	
A	F	21	
E	K	20	増減なし 54
D	I	19	
C	H	18	
B	G	17	
A	F	16	
E	J	15	
D	I	14	
C	H	13	
B	G	12	
A	F	11	
E	K	10	
D	I	9	54
C	H	8	48
B	G	7	42
A	F	6	36
E	J	5	30
D	I	4	24
C	H	3	18
B	G	2	12
A	F	1	6

毎段(+6模様)

※A色2玉、B色1玉の3玉を切り替えながら編む

16 ポケットティッシュカバー
Photo → P.32

使用した糸の総重量
合太毛糸 20g

材料と用具

糸 合太毛糸 A_黄11g、B_白9g
針 かぎ針4/0号

編み方

1. A色で、鎖41目の作り目をし、鎖の裏山を拾って1段めを編む。
2. 2段めはB色で編む。
3. 3段め以降も同じように、交互に配色しながら21段めまで編む。
4. 仕上げ方を参照して本体を外表に折り、両脇を細編みと鎖編みでとじる。

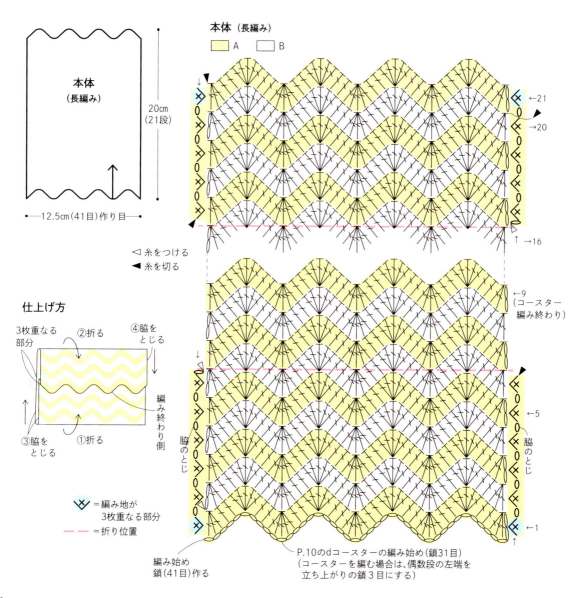

a　b　c

17 リップクリームケース
Photo → P.32

使用した糸の総重量
中細毛糸または中細コットン糸
各約5g

材料と用具

糸　中細毛糸（段染め）　a…暖色系 5g
　　中細コットン糸　b…オフホワイト 4g
　　中細コットン糸（ラメ）　c…A_ピンク3g、B_ベージュ2g
針　かぎ針 3/0号

編み方

1. わの作り目で6目編み、編み図を参照して増し目をしながら5段めまで編む。
2. 続けて模様編みを15段めまで編み、縁編みを編む。

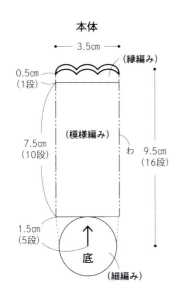

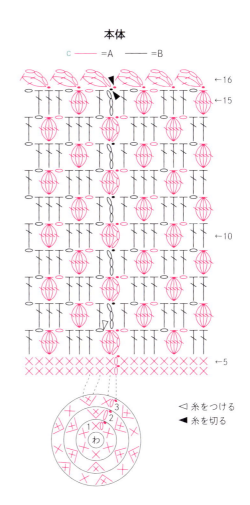

◁ 糸をつける
◀ 糸を切る

おでかけ小物

09 花のブローチ

Photo → P.22

使用した糸の総重量
中細コットン糸 各6g

材料と用具

- **糸** 中細コットン糸 a…赤6g
   b…黒6g
- **針** かぎ針 3/0号
- **その他** ブローチピン(4.5cm)各1個、
   ビーズ(4mm)各8個

編み方

1. わの作り目で6目編み、編み図を参照して編む。
2. 仕上げ方を参照して、中心にビーズを縫いつけ、裏にブローチピンを縫いつける。

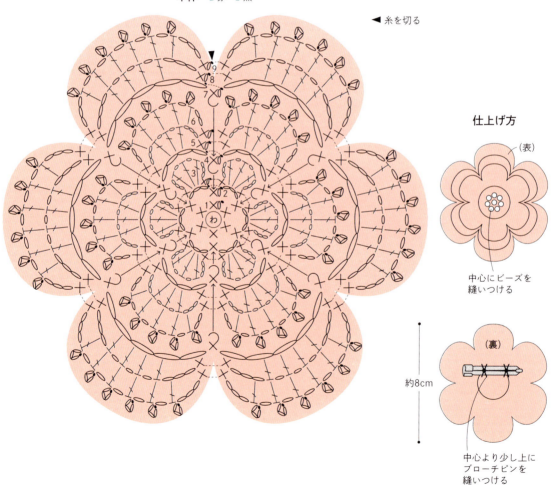

本体 a赤 b黒

◀ 糸を切る

仕上げ方

中心にビーズを縫いつける

約8cm

中心より少し上にブローチピンを縫いつける

18 ファスナーポーチ

Photo → P.33

使用した糸の総重量

極太毛糸 72g

材料と用具

- **糸** 極太毛糸 A_グレー、B_抹茶、C_紺、D_こげ茶、E_ピンク、F_赤、G_グリーン、H_ターコイズブルー、I_クリーム、J_濃ピンク、K_オレンジ、L_茶 各6g
- **針** かぎ針7/0号
- **その他** 20cmファスナー(ベージュ)1本

ゲージ

細編み 16目×18段(10cm四方)

編み方 *色は配色表を参照して編む。

1. A色で、鎖の作り目で33目編み、1段めは鎖の裏山と半目を拾ってA〜C色を11目ずつ色を替えながら編む。
   *色の切り替え方はP.44参照。
2. 続けて反対側は、作り目に残った1本を拾ってD〜F色を11目ずつ色を替えながら輪の往復編みをする。
3. 12段編んだら、13段めから色を替えて同じ要領で11目ずつ色を替えながら輪の往復編みをする。
4. 図を参照してファスナーを縫いつける。

本体(細編み)

正面側 / 背面側

J	K	L	G	H	I
D	E	F	A	B	C

13.5cm(24段) / 21cm(33目)作り目

ファスナー端の始末の方

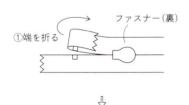

①端を折る / ファスナー(裏)

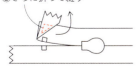

②さらに折って縫う
※残りの3か所も同様に始末する

仕上げ方

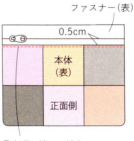

ファスナー(表) 0.5cm
本体(表) / 正面側
①本返し縫いで縫う

②ファスナーを開けておく
本体(表) / 背面側
③本返し縫いで縫う

本返し縫い

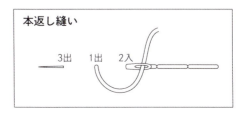

3出 1出 2入

編み図 → P.44

おでかけ小物

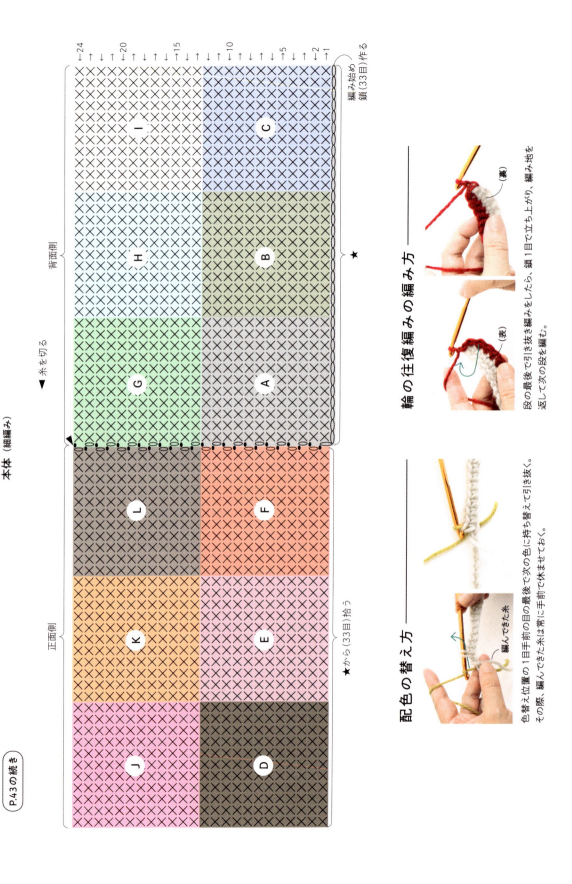

ストックアイテム
四つ編みのひも

目的を持って何かを作るのではなく、何かに使える素材として作っておきたいのが、四つ編みのひも。ファスナーの引き手ひもや小物の飾りひも、ラッピング用のひも、吊り手用のループひもといろいろ使えます。毛糸1本では弱くても、4本合わせれば強度もアップ。四つ編みのひもは、あると便利なストックアイテムなのです。

短いひもも使い道がいっぱい！

四つ編みの組み方

1

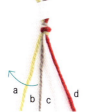

毛糸4本の頭をひと結びしてマスキングテープなどで固定する。まずb糸をa糸の上へ移動。

2

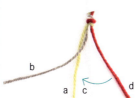

d糸をc糸の上へ移動。

3

a糸をd糸の上へ移動。

4

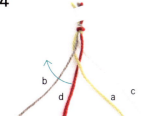

次からは1〜3の要領で糸を交差させていく。

5

すべて組み終わったらマスキングテープをはずす。

6

組み終わり側の糸端をひと結びする。ひもができた。

| おでかけ小物 | サコッシュ

Point
すぐ編める小さなモチーフは、
毛糸が余ったときに
作りためておくのも◎。
肩ひもは着脱できる市販の
ストラップを使うと手軽です。

20 ガーベラモチーフのサコッシュ

使用糸 合太毛糸
使用針 かぎ針4/0号

制作　おのゆうこ（ucono)
編み方 → P.50

46

21 変わり糸のホワイトサコッシュ

使用糸 極太毛糸、極太ループヤーン2種
使用針 かぎ針8/0号

制作 おのゆうこ（ucono）

編み方 → P.65

Point
モコモコしたループヤーンは
アクセント使いに便利です。
ふわふわボーダーにしたり、
少量でも作れるベルトや
タッセルに利用しましょう。

おでかけ小物 ｜ バッグ

Point
梱包用などの麻ひもは1玉が大きく、1アイテム編んでも結構な量が残ります。今回の作品は、余り糸で底から編み始め、糸がなくなった段で別の麻ひもに替えて持ち手部分を編む「麻ひも消化バッグ」の提案です。

22 マルシェバッグ2種

使用糸 麻ひもまたは並太ラフィア系の糸
使用針 かぎ針8/0号

制作 青木恵理子

編み方 → P.52

写真の上のバッグは麻ひもバッグと同じ編み図で編む作品。こちらはラフィア系のカラーヤーンの2本どりで編んでいます。色替え部分は地色と次の色との2本どりでグラデーションに。編み図優先のため、1玉以上使う糸は購入するようになりますが、残った糸でP.31のカードケースを編むのもおすすめです。

23 スクエアモチーフバッグ

使用糸 並太毛糸
使用針 かぎ針6/0号

制作 池上 舞

編み方 → P.54

Point
ベーシックな四角モチーフを使った作品。
モチーフは段ごとに色替えしても、
単色でも編める立ち上がり位置なので、
毛糸の量に合わせて配色を楽しんで。

20 ガーベラモチーフのサコッシュ
Photo → P.46

使用した糸の総重量
合太毛糸 42g

材料と用具

- 糸 合太毛糸 A_赤、B_ピンク、C_黄、D_オレンジ 各6g、E_ベージュ18g
- 針 かぎ針4/0号
- その他 スナップボタン（8mm）1組、市販のストラップ1本

編み方   *色は配色表を参照して編む。

1. モチーフは、わの作り目で12目編み、配色表を参照しながら各6枚編む。
2. モチーフ24枚を図のように並べ、半目の巻きかがりではぎ合わせ、袋状にする。
3. 縁編みを編む。
4. 袋口にスナップボタンを縫いつけ、ストラップをつける。

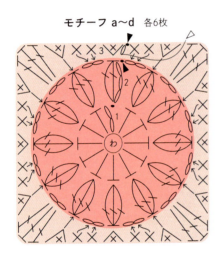

モチーフ a〜d 各6枚

◁ 糸をつける
◀ 糸を切る

配色表

段数	a	b	c	d
3	E	E	E	E
1・2	A	B	C	D

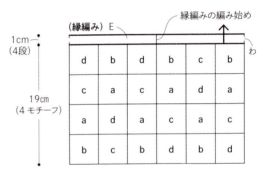

本体（モチーフつなぎ）

仕上げ方

ストラップの金具をつける
内側にスナップボタンを縫いつける

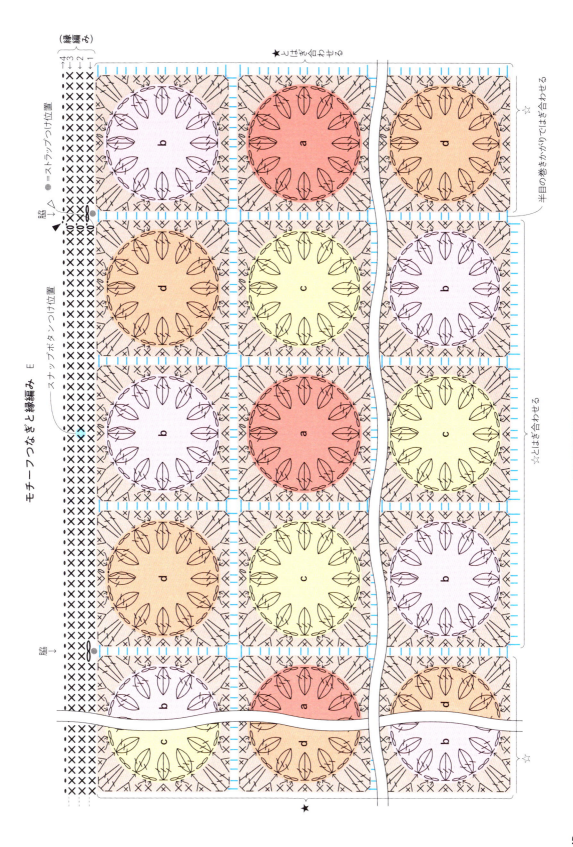

22 マルシェバッグ2種

Photo → P.48

使用した糸の総重量
a：直径2mmの麻ひも 260g
b：並太ラフィア系の糸 162g

材料と用具

糸 a…直径2mmの麻ひも A_生成り197g、B_黒63g
　　b…並太ラフィア系の糸 A_水色78g、
　　　B_白48g、C_緑36g

針 かぎ針8/0号

ゲージ

a…細編み 13目×14段（10cm四方）
b…細編み 13目×15段（10cm四方）

編み方 ＊色は配色表を参照して編む。

1. わの作り目で6目編み、編み図を参照して増し目をしながら底を12段めまで編む。aは1本、bは2本どりで編む。

2. 続けて増減なく、配色表を参照して34段めまで編んだら一旦糸を休めておく。

3. 持ち手を編むために、34段めの指定位置に糸をつけ、鎖36目編み、指定位置で引き抜いて糸を切る。反対側も同様に鎖を編む。

4. 休めておいた糸で36段めまで編む。

5. 持ち手の内側を編む。

6. 持ち手の作り目のところで二つに折り、両端を合わせて引き抜き編みではぐ。

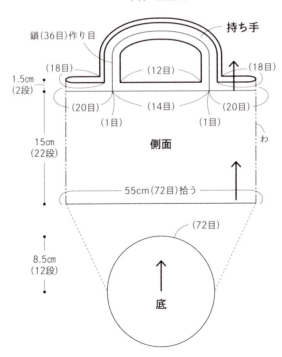

本体（細編み）

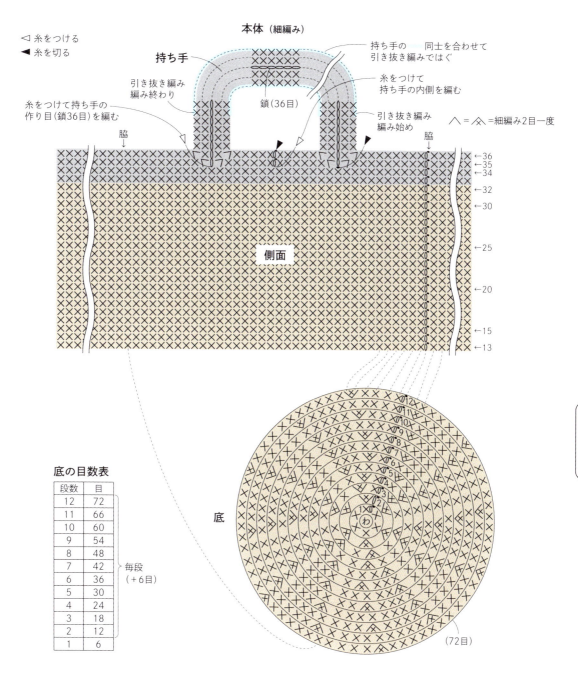

23 スクエアモチーフバッグ
Photo → P.49

使用した糸の総重量
並太毛糸 48g

材料と用具

- 糸 並太毛糸 A_ベージュ21g、
  B_黄緑12g、C_パープル7g、D_ブルー2g、
  E_イエロー2g、F_ピンク2g、G_ブラック2g
- 針 かぎ針6/0号

編み方 *色は配色表を参照して編む。

1. わの作り目で12目編み、配色表を参照しながらモチーフa・bは各4枚、c・dは各3枚ずつ合計14枚を編む。
2. モチーフを図のように並べ、細編みで編みつなぎ、袋状にする。
3. 袋口を1周縁編みする。
4. 持ち手を2枚編み、本体の指定位置にとじつける。

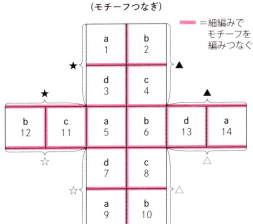

配色表

段数	a	b	c	d
3	B	B	B	B
2	A	A	A	A
1	F	D	E	G

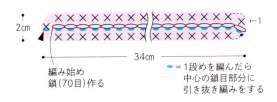

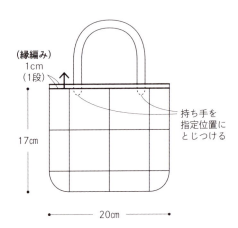

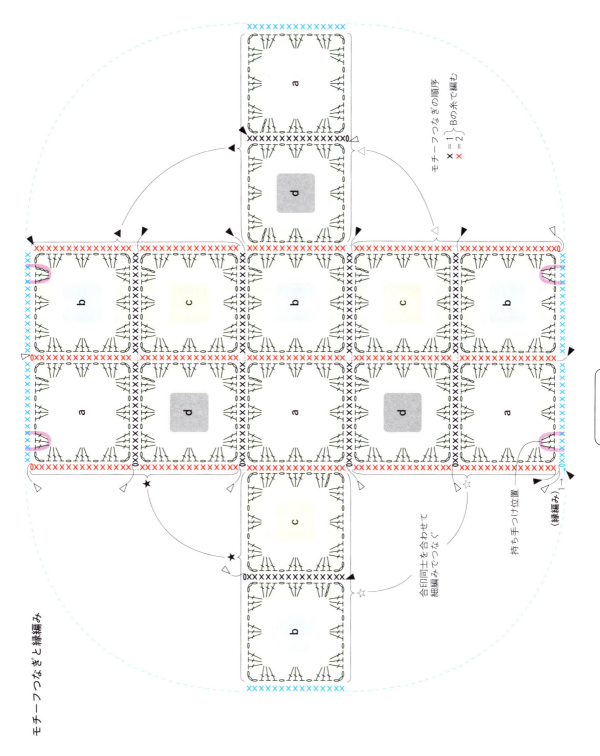

そうじ小物

24 ミニたわし

使用糸 並太アクリル糸、中細アクリル糸、合太アクリル糸

使用針 かぎ針8/0号

制作 池上 舞

編み方 → P.58

Point
消耗品のたわしは、余り毛糸でどんどん編みたいアイテム。
ハリのある太糸が向いています。
細糸の場合は2〜3本どりでかっちり編むのがおすすめ。
アクリル毛糸ならさらに実用的です。

25 ミニはたき

使用糸　合太毛糸

制作　横川博子

作り方 → P.59

Point
箸などの棒に毛糸の束を結びつけるだけ。
ちょっとしたほこりとりにはもちろん、
飾っておくだけでも部屋のアクセントになります。

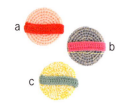

24 ミニたわし
Photo → P.56

> **使用した糸の総重量**
> a：並太アクリル糸 12g
> 　中細アクリル糸 2g
> ※b、cは材料参照

材料と用具

糸 a…並太アクリル糸　A_薄ピンク 12g、
　　　中細アクリル糸　B_レッド 2g
　　b…合太アクリル糸　C_ベージュ 10g、
　　　中細アクリル糸　D_ブルー 6g、E_ピンク 2g
　　c…中細アクリル糸　F_ホワイト 5g、G_イエロー 5g、
　　　並太アクリル糸　H_ミントグリーン 3g

針 かぎ針 8/0号

編み方　*色は配色表を参照して編む。

1. わの作り目で6目編み、増し目をしながら本体を2枚編む。
2. 持ち手を編む。
3. 本体2枚を外表に合わせて周囲を巻きかがり、持ち手を本体の中央に合わせて両端を巻きかがる。

本体 a・b・c　各2枚

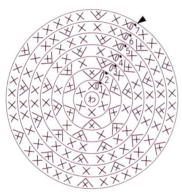

◀ 糸を切る

配色表

段数	本体	持ち手
a	A	★ B
b	☆ C / D	★ E
c	☆ F / G	H

☆＝2色の2本どり　★＝同色の2本どり

持ち手 a・b・c　各1本

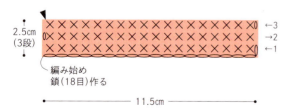

まとめ方

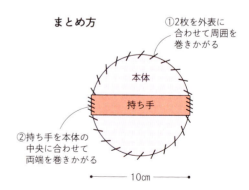

25 ミニはたき
Photo → P.57

使用した糸の総重量
合太毛糸 各 15～20g

材料と用具

- **糸** 合太毛糸 お好みの色 15～20g（1本分）
- **その他** 菜箸または割り箸、枝など（長さ25cm前後）、ミニノコギリ

1

毛糸を菜箸の長さより少し長めにカットし、菜箸の中央に共糸で結びつける。

2

菜箸の持ち手側の毛糸を箸先側に折る。

3

折り返した位置から2～3cm下に共糸（細い糸場合は2本どり）を巻きつけて結ぶ。好みで2、3か所作ってもよい。

4

巻いた共糸の両端をとじ針に通し、巻いた糸の上から下へ向かって通して隠す。

5

房の中の余分な箸先をカットする

はたきの房ができた。毛糸の束の中に隠れた箸先は、危なくないように余分をミニノコギリなどで短くカットする。

6

糸端を約5cm残す

毛糸の端にループを作ってひと結びし、持ち手側に沿わせて持つ。

7

糸端は外へ出しておく

下に向かって毛糸を巻く。好みの幅まで巻いたら、今度は上に向かって巻き戻る。

8

巻いてきた毛糸をカットし、糸端同士を結び、糸端をとじ針で巻いた毛糸の中へ通す。

9

糸端の余分をカットする。

そうじ小物

手芸小物

26 ピンクッション

使用糸 並太毛糸、極細〜合太のアクリル糸など
使用針 かぎ針6/0号

制作 池上 舞

編み方 → P.62

Point

多色使いのモチーフを編むときは、
明るさを統一して糸を選ぶと品よく仕上がります。
印象がぼんやりするときは細糸を引き揃えると、
表情が変わってよいアクセントに。

27 収納かご

使用糸 合太コットン糸
使用針 かぎ針8/0号

制作 池上 舞

編み方 → P.63

Point
ポイントは糸選び。
かごだけでも自立するように、ハリのあるコットン糸を
2本どりにして、厚みがでる編み地にします。

28 ペンケース

使用糸 並太毛糸
使用針 かぎ針6/0号

制作 池上 舞

編み方 → P.64

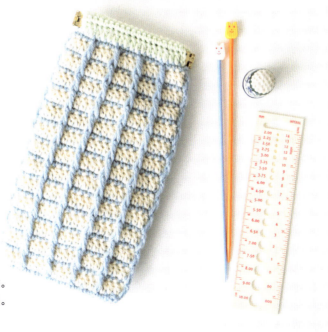

Point
格子柄を増減させれば、
メガネ入れや
かぎ針ケースなどにもなります。
開閉しやすいバネ口金を使用。

a

b

26 ピンクッション
Photo → P.60

使用した糸の総重量
a:並太毛糸 9g、中細アクリル糸 4g
※bは材料参照

材料と用具

糸 a…並太毛糸 A_ミントグリーン 1g、B_クリーム 1g、
　　　C_イエロー 3g、D_パープル 3g、E_グリーン 1g
　　　中細アクリル糸 F_ネイビー 4g
　　b…並太毛糸 G_ホワイト 1g、H_ピンク 3g、
　　　I_黄緑 3g、J_濃ピンク 1g
　　　合太アクリル糸 K_ブルー 2g
　　　中細アクリル糸 L_レモンイエロー 3g
　　　極細コットン糸 M_ライトベージュ 2g

針 かぎ針 6/0号

その他 手芸わた 各8g

編み方
*色は配色表を参照して編む。

1. わの作り目で8目編み、配色しながら表と裏のモチーフをそれぞれ4段めまで編む。
2. 2枚を外表に合わせ、途中で手芸わたを入れながら細編みではぎ合わせる。

モチーフ a・b 表・裏 各1枚

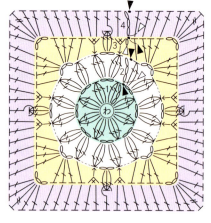

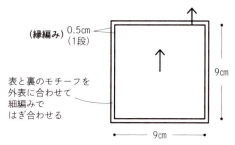

(縁編み) 0.5cm (1段)
9cm × 9cm
表と裏のモチーフを外表に合わせて細編みではぎ合わせる

◁ 糸をつける
◀ 糸を切る

縁編み a・b

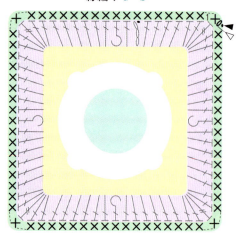

配色表

段数	a 表	a 裏	b 表	b 裏
縁編み	E	E	J	J
4	D	F	I	L
3	C	F	H	L
2	B	F	☆K/M	L
1	A	F	G	L

☆=2色の2本どり

27 収納かご

Photo → P.61

使用した糸の総重量
合太コットン糸 各57g

材料と用具

糸 a…合太コットン糸 A_ネイビー28g、
　　B_ペールピンク19g、C_ピンク10g

　　b…合太コットン糸 D_カーキ28g、
　　E_ミントグリーン19g、F_イエロー10g

針 かぎ針8/0号

編み方
*色は配色表を参照して編む。

1. a・bそれぞれ2色の2本どりの糸で鎖14目作り、図を参照して増し目をしながら底を編み、増減なく側面を編む。

2. 縁編みを編み、折り位置で外側に折り返す。

配色表

段数	a	b
11〜14	★ C	★ F
1〜10	☆ A B	☆ D E

☆=2色の2本どり　★=同色の2本どり

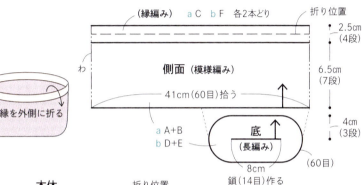

◁ 糸をつける　◀ 糸を切る

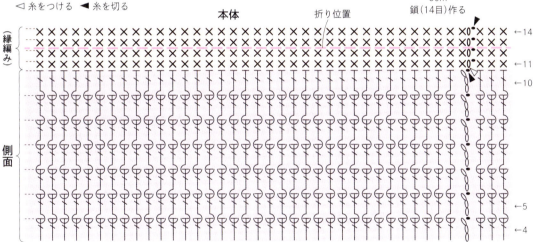

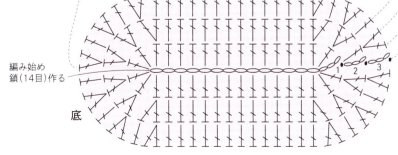

底の目数表

段数	目数	
3	60	(+12目)
2	48	(+12目)
1	36	

28 ペンケース
Photo → P.61

使用した糸の総重量
並太毛糸 37g

材料と用具
- **糸** 並太毛糸 A_ベージュ21g、B_ブルー12g、C_黄緑4g
- **針** かぎ針6/0号
- **その他** バネ口金(10cm) 1個

材料と用具
模様編み 4目2.5cm×2段 1.5cm(1模様)

編み方
1. 本体は、鎖(20目)作り目し、図のように目を拾ってわに編む。
2. 入れ口を本体の前後から19目ずつ拾ってそれぞれ往復編みで編み、図を参照してバネ口金をつける。

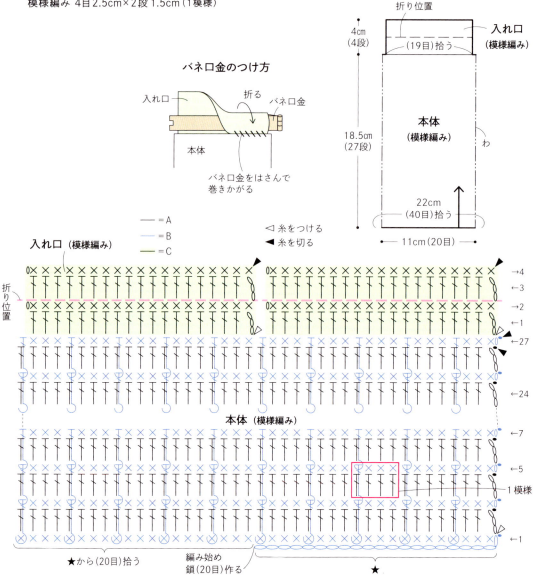

21 変わり糸の ホワイトサコッシュ
Photo → P.47

使用した糸の総重量
極太毛糸15g、極太ループヤーン2種 各5g
※タッセル分は除く

材料と用具

糸 *( )内はタッセル
- 極太毛糸 A_オフホワイト 15g (1g)
- 極太ループヤーン1 B_ホワイト 5g (1g)
- 極太ループヤーン2 C_ホワイト 5g (3g)

針 かぎ針8/0号

その他 ボタン(直径20mm)1個、チェーンストラップ1本、キーホルダー金具1個

編み方

1. 本体は、鎖(20目)作り目し、図のように目を拾い、糸を替えながら、わに編む。
2. ベルトを編み、本体にとじつける。
3. ボタンを指定位置に縫いつける。
4. タッセルを作ってキーホルダー金具につけ、ストラップに通して本体につける。

*タッセルの作り方はP.27参照。

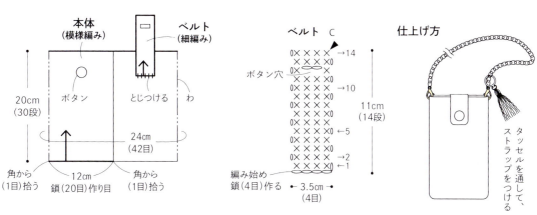

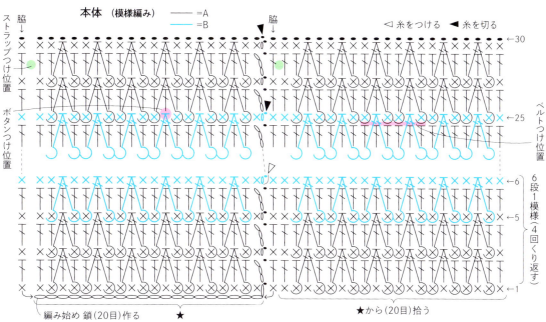

あったか小物

Point
使用糸は並太毛糸。
使用量は片方の手首5g、本体12g、縁2gが目安。
糸が足りそうなら左右同じ配色でもOKです。

29 ハンドウォーマー

使用糸 並太毛糸
使用針 棒針6号

制作 spărni

編み方 → P.70

30 スパイラルソックス

使用糸 超極太ファーヤーン、並太毛糸、合太毛糸、極細モヘヤ糸
使用針 棒針6〜10号

制作 佐藤文子

編み方 → P.72

Point

少量ずつ同系色の糸を集めて編むスパイラルソックス。
履き口から太糸→細糸になるように編んでいくと足に自然とフィットします。
合わせて棒針の太さも太→細へ。
色替え位置はモヘヤ糸を入れるとなじみやすくなります。

67

31 はらまきスヌード

使用糸 並太毛糸、極細ファンシーヤーン
使用針 棒針7号

制作 池上 舞

編み方 → P.71

Point
はらまきにするだけならランダムな配色でもOK。
スヌードと兼用するなら、ファンシーヤーンを入れて
シンプルすぎない編み地にしましょう。
きれいめの配色も意識。

32 編んで育てるブランケット

使用糸 合太毛糸、極細モヘヤ糸
使用針 かぎ針5/0号

制作 Sachiyo＊Fukao

編み方 → P.74

Point
1段ごとに模様と配色を変えていくので、
色々な糸を使って編める作品。
太さが同じ余り糸ができたときに、
少しずつ育てるように編んでいけます。
縁編みで形を整えれば完成。

29 ハンドウォーマー
Photo → P.66

使用した糸の総重量
並太毛糸 44g

材料と用具
- 糸 並太毛糸 A_白19g、B_からし16g、C_淡グレー9g
- 針 棒針6号

ゲージ
模様編み 30目×31段（10cm四方）

配色表

段数		左手	右手
縁	1～5	C	B
本体	1～40	B	A
手首	5～14	A	C
	1～4	C	B

編み方
*色は配色表を参照して編む。

1. 指でかける作り目で48目作って輪にし、手首を1目ゴム編みで編む。左右で編み始め位置が違うので、編み図を参照して編む。

2. 本体は甲側を模様編み、手のひら側をメリヤス編みでわに編む。親指部分のみ往復編みで穴をあける。

3. 縁を1目ゴム編みで編む。最後は表目は表目に、裏目は裏目に編んで伏せ止めする。左右1枚ずつ編む。

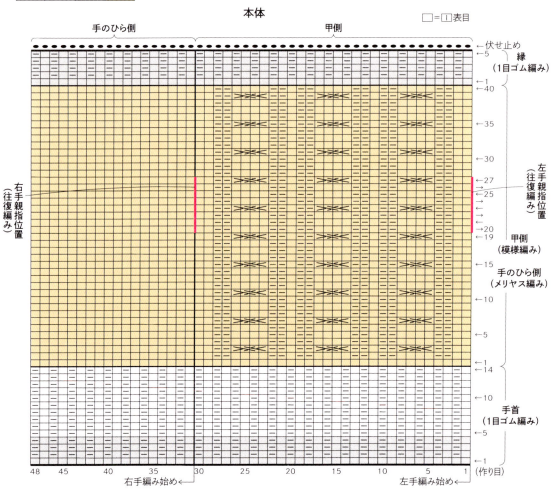

31 はらまきスヌード
Photo → P.68

使用した糸の総重量

並太毛糸90g、
極細ファンシーヤーン6g

材料と用具

- 糸　並太毛糸　A_ブラウン34g、B_ブラック31g、C_ホワイト25g
  極細ファンシーヤーン　D_白黒4g、E_クリーム2g
- 針　棒針7号

ゲージ

2目ゴム編み　32目×28段（10cm四方）

編み方
*色は配色表を参照して編む。

指でかける作り目で148目作ってわにし、配色表を参照しながら2目ゴム編みを76段編み、ゆるめに伏せ止めする。

配色表

段数	色
67～76	A
63～66	B
57～62	☆ C+E
49～56	A
39～48	B
35～38	C
27～34	A
21～26	B
11～20	☆ C+D
7～10	A
1～6	B

☆＝2色の2本どり

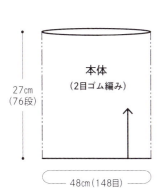

本体（2目ゴム編み）
27cm（76段）
48cm（148目）

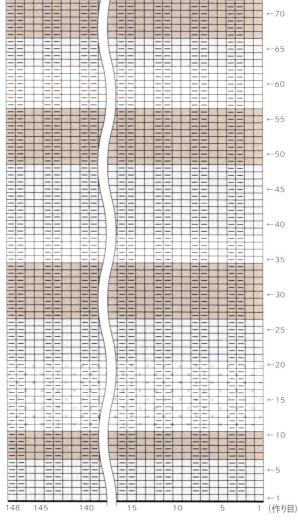

本体（2目ゴム編み）
□=□ 表目
伏せ止め

P.70の続き

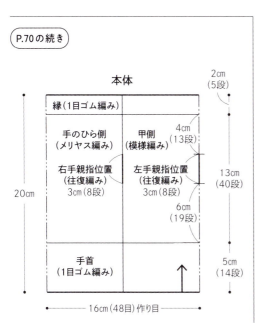

あったか小物

30 スパイラルソックス
Photo → P.67

使用した糸の総重量

超極太ファーヤーン 14g、
並太毛糸 36g、
合太毛糸 81g、
極細モヘヤ糸 11g

材料と用具

糸 超極太ファーヤーン A_薄茶 14g
並太毛糸（ストレッチ）B_薄茶 4g
並太毛糸（段染め）G_ベージュ系 32g
合太毛糸 C_茶 10g、D_薄茶 9g、
E_薄灰 30g、F_生成り 32g
極細モヘヤ糸 H_生成り 11g

針 棒針 6、7、8、9、10号

編み方 *色は配色表を参照して編む。

1. 指でかける作り目で48目作ってわにし、表を参照して針と糸を替えながらメリヤス編み、2目ゴム編み、模様編みで編み進める。
2. 101段めから減らし目をしながら編み、最終段の目に糸を通して引き絞る。左右1枚ずつ編む。

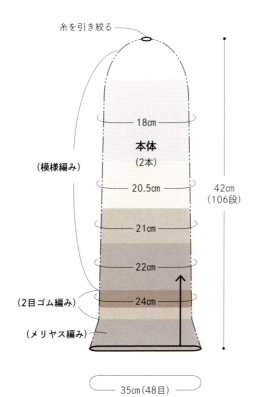

配色・糸の本数・針の号数表

段数	色	糸の本数	針の号数
93～106	F	2本どり	6
65～92	E+F	2本どり	6
49～64	H+E+F	3本どり	7
37～48	H+G+E	3本どり	8
21～36	H+G+D	3本どり	8
15～20	C	3本どり	9
11～14	B	1本どり	10
1～10	A	1本どり	10

本体

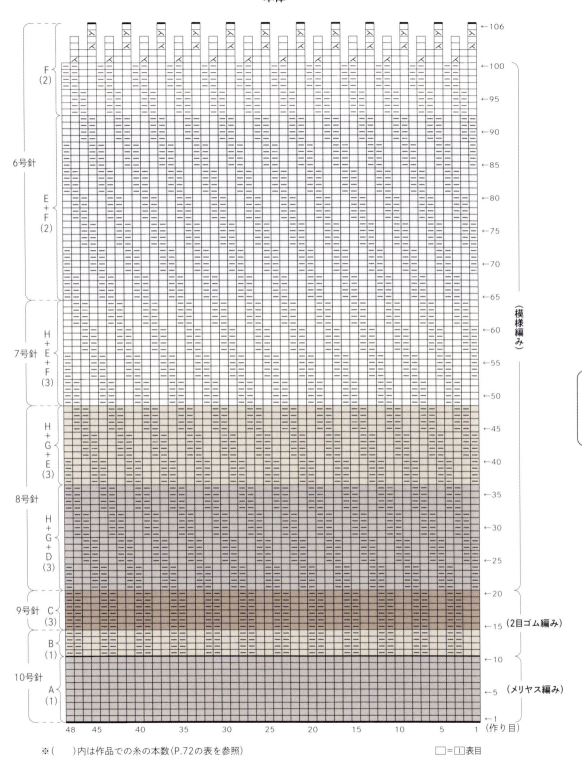

あったか小物

32 編んで育てる ブランケット
Photo → P.69

使用した糸の総重量
合太毛糸287g、極細モヘヤ糸6g

材料と用具

糸 合太毛糸 生成り33g、灰茶25g、アイボリー22g、
パープル20g、ピンク19g、ベージュ杢系19g、
グレー18g、ラメ紫17g、薄ベージュ17g、
ラメえんじ16g、ラメ薄ピンク15g、灰ベージュ13g、
えんじ&ブルーミックス12g、濃ベージュ11g、茶8g、
薄グレー7g、モカ茶5g、からし5g、薄紫4g、えんじ1g

極細モヘヤ糸 藤色4g、紫1g、紺1g

針 かぎ針5/0号

編み方 *色は配色表を参照して編む。

1. 鎖の作り目で99目編み、1段めと2段めは鎖の裏山を拾って編む。

2. 配色表と編み図を参考にしながら24段1模様を8回くり返し、最後の9段をモザイク模様で編む。途中11段めに変則か所があるので気をつける。

3. 周囲に縁編みを編む。

本体（模様編み）

（縁編み）1cm（2段）
4.5cm（9段）
92cm（8模様・192段）
モザイク模様
24段1模様
モザイク模様
37.5cm（99目）作り目

作品では約20色の毛糸で編んでいますが、お手元の毛糸で好きな配色で編んでください

配色表

	段数	色
松編み	24	薄ベージュ
よね編み	23	茶
	22	ラメえんじ
	21	灰茶
模様編み	20	ベージュ杢系
交差編み	19	ラメえんじ
よね編み	18	茶
	17	ベージュ杢系
	16	灰茶
玉編み	15	☆ラメ紫+紫
	14	ピンク
よね編み	13	灰茶
	12	ベージュ杢系
玉編み	11	ラメピンク
松編み	10	生成り
モザイク模様	9・8	濃ベージュ
	7	えんじ&ブルーミックス
	4～6	アイボリー
	3	ピンク
	1・2	グレー

☆=2色の2本どり

※極細モヘヤ糸は太さを揃えるため、ラメ紫と2本どりにしています

24段1模様

薄ベージュ
茶
ラメえんじ
灰茶
ベージュ杢系
ラメえんじ
茶
ベージュ杢茶
灰茶
ラメ紫+紫
ピンク
灰茶
ベージュ杢系
ラメピンク
生成り
濃ベージュ
えんじ&ブルーミックス
アイボリー
ピンク
グレー

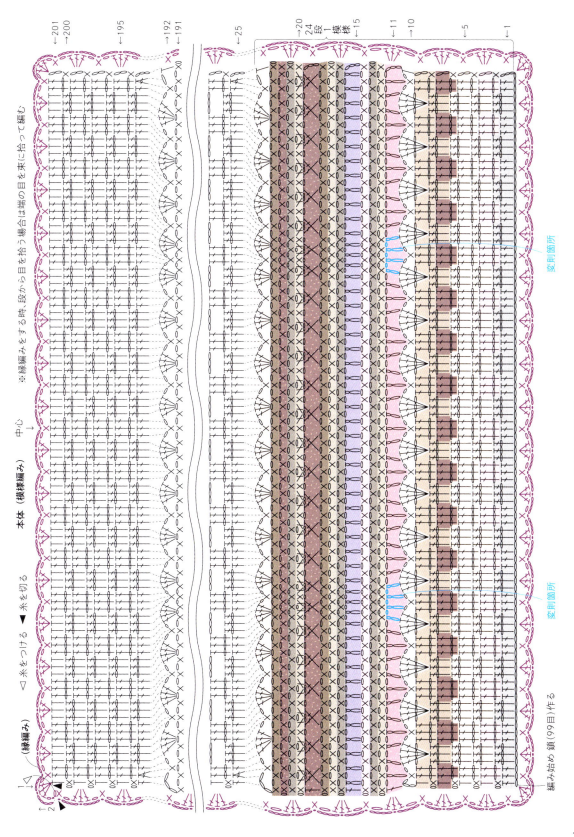

リビング小物

33 市松マット

使用糸　極太アクリル糸、極太毛糸、合太毛糸
使用針　かぎ針7.5/0号

制作　Sachiyo*Fukao

編み方 → P.77

Point

左下の1マスから編み広げていくマット。
手元の糸の量に応じて、好きな形でやめられます。
1ブロックに使う糸の目安は約8m。
同じ極太糸でもウール糸の方が細めだったので、
合太糸と2本どりにして太さを揃えています。

33 市松マット
Photo → P.76

使用した糸の総重量
極太アクリル糸&毛糸 176g
合太毛糸 24g

材料と用具

糸 極太アクリル糸　A_薄グレー37g、B色_生成り31g、C色_ブルー22g、D_紺16g、E_濃グレー11g、F_カラシ11g、G_杢水色10g、H_濃水色7g、I_ピーコックグリーン6g

極太毛糸　J_ベージュ5g、K_グレージュ5g、L_青緑10g、M_杢グレー5g

合太毛糸（段染め）N_茶系8g、O_ブルーグリーン4g

合太毛糸　P_茶1本・Q_茶2本　計12g

針 かぎ針7.5/0号

編み方　*色は配色表を参照して編む。

1. 鎖10目の作り目をして、1段めは鎖の裏山を拾って編む。2段めからは細編みの頭の向こう側半目を拾ってうね編みし、最終段でうね編みの引き抜き編みをして糸を切る。

2. 2枚めは、1枚めの鎖に糸をつけて作り目をする。1段めの終わりは1枚めの端目に引き抜いてから2段めを往復編みで編む。以降、奇数段で1段めと同様に引き抜いて編む。

3. 次のモチーフが同色の場合はそのまま編み進める。別の色の場合は糸を切り、色を替えて編む。

本体（配色とモチーフつなぎ）
※1〜35の順に編みつなぐ

 = 2色の2本どり

15 A	20 L+O	25 B	29 I	32 G	34 A	35 D
10 G	14 A	19 D	24 K+N	28 B	31 L+O	33 A
6 B	9 H	13 Q+N	18 F	23 C	27 M+P	30 B
3 A	5 J+N	8 C	12 B	17 A	22 C	26 F
1 D	2 B	4 C	7 E	11 B	16 B	21 Q+N

35cm（5モチーフ）／49cm（7モチーフ）

本体（モチーフつなぎ）

◁ 糸をつける
◀ 糸を切る

× = うね編みをしない目

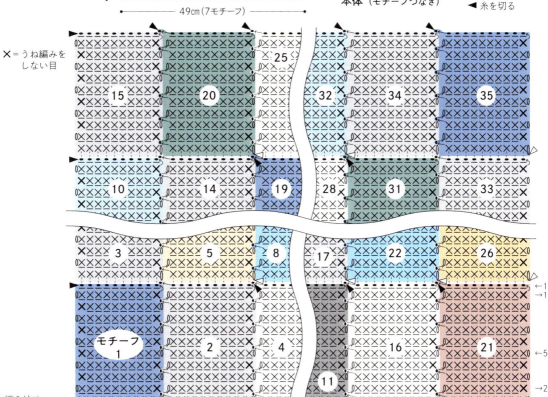

編み始め
鎖（10目）作る

リビング小物

Point
等間隔で縞模様を作るのは、
余り毛糸作品の定番テクニック。
引き上げ編みの立体的な模様と
花モチーフで存在感のあるデザインに。

34 ルームシューズ

使用糸　並太毛糸、合太毛糸
使用針　かぎ針6/0号

制作　Sachiyo＊Fukao

編み方 → P.80

35 ティッシュボックスカバー

使用糸 並太毛糸
使用針 かぎ針6/0号

制作 池上 舞

編み方 → P.82

> **Point**
> 糸を使い切ってから次の糸を編むことで、
> 計算ではできない自由な配色を楽しめます。
> 両脇の側面は単色にしてスッキリ仕上げます。

36 クッションカバー

使用糸 並太毛糸、並太テープヤーン、
　　　　 極細モヘヤ糸、中細アクリル糸
使用針 かぎ針7/0号

制作 池上 舞

編み方 → P.84

> **Point**
> この作品はサマーウエアを
> 作った残りのテープヤーンで制作。
> 1玉買い足してベースに使いました。
> 中心の花は単色で、
> テープヤーンはそのままの色と、
> 段染めのモヘヤ糸と2本どりで
> 変化をつけています。
> ポンポンは好みの毛糸でかまいません。

a

b

34 ルームシューズ
Photo → P.78

使用した糸の総重量
a: 並太毛糸 106g
※bは材料参照

材料と用具

糸 並太毛糸 a…A_赤紫 21g、B_ベージュ 18g、
C_クリーム 18g、D_コーラルピンク 18g、
E_生成り 12g、F_えんじ 12g、G_赤茶 7g

b…H_生成り 23g、I_カラシ 20g、
J_紺 19g、K_水色 19g、L_ベージュ 11g、
M_薄グレー 8g

合太毛糸 b…N_淡グレー 8g、O_グレー 8g

針 かぎ針 6/0号

編み方 *色は配色表を参照して編む。

1. わの作り目で15目編み、編み図を参照して増し目、配色しながらつま先から側面を30段めまで輪の往復編みで編む。
2. かかとを16段めまで往復編みして、かかとを後ろ中心で中表に二つに折り、長めに残しておいた糸端で巻きかがる。
3. 足首を6段編む。
4. 花モチーフを編み、指定位置にとじつける。

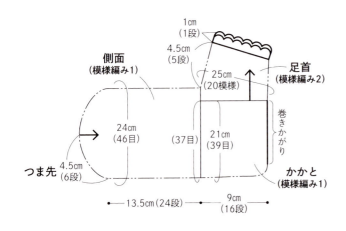

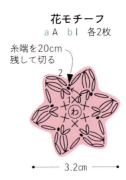

花モチーフ
aA bI 各2枚

足首

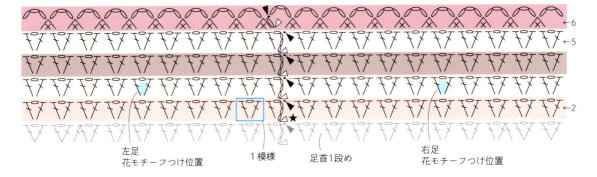

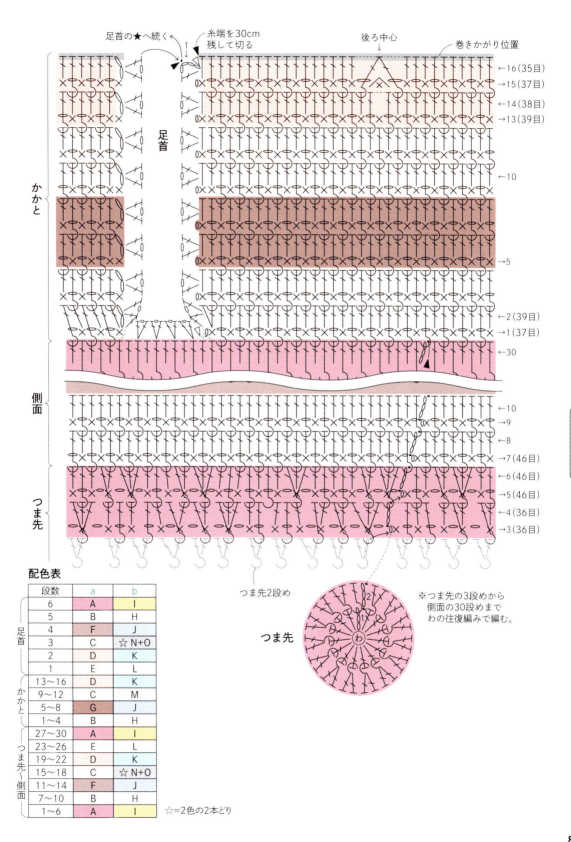

35 ティッシュボックスカバー
Photo → P.79

使用した糸の総重量
並太毛糸 59g

材料と用具

糸　並太毛糸　A_レッド 4g、B_ミントグリーン 4g、C_ライトピンク 4g、D_黄緑 3g、E_くすみピンク 3g、F_オレンジ 3g、G_レモンイエロー 3g、H_パープル 3g、I_ブルー 2g、J_ダークブラウン 2g、K_グレー 6g、L_ライトブラウン 6g、M_ベージュ 4g、N_水色 4g、O_ネイビー 3g、P_ホワイト 3g、Q_ライトイエロー 2g

針　かぎ針 6/0号

編み方

1. 鎖48目作り目し、鎖の裏山を拾って1段めを編み、往復編みで模様編みを35段編む。18段めで鎖24目を編んでティッシュの取り出し口を作る。
2. 脇の指定位置から23目拾い、左右にそれぞれ側面を編む。
3. 脇の4か所を合印同士巻きかがる。

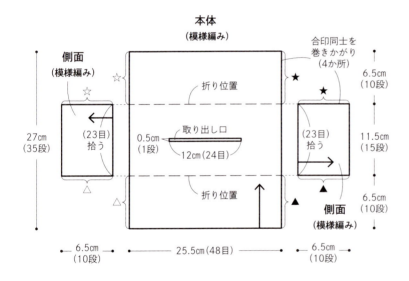

色見表

色	色名
D	黄緑
A	レッド
E	くすみピンク
Q	ライトイエロー
O	ネイビー
P	ホワイト
B	ミントグリーン
F	オレンジ
M	ベージュ
I	ブルー
J	ダークブラウン
C	ライトピンク
N	水色
G	レモンイエロー
H	パープル
K	グレー
L	ライトブラウン

作品では17色の毛糸で編んでいますが、お手元の毛糸で好きな配色で編んでください

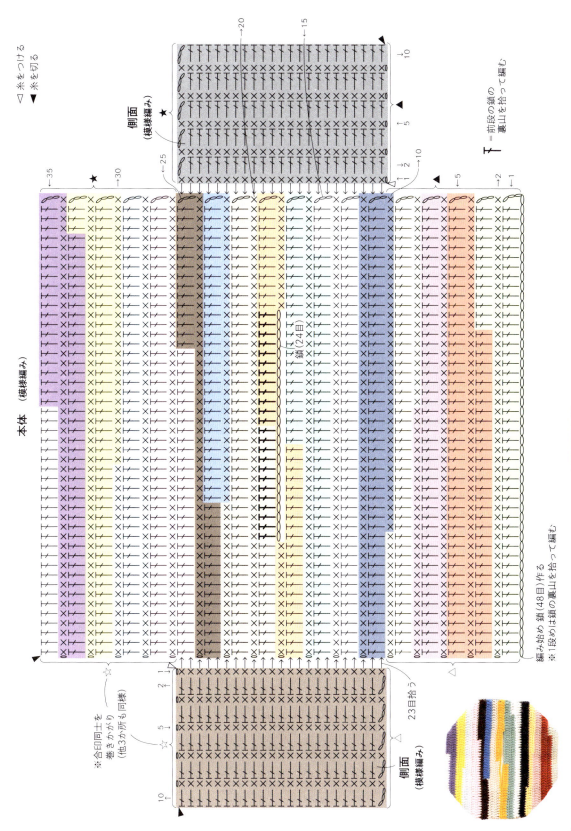

36 クッションカバー

Photo → P.79

使用した糸の総重量
並太テープヤーン&毛糸 133g、
中細アクリル糸 10g、極細モヘヤ糸 8g

材料と用具

糸 並太テープヤーン　A_クリーム 93g

並太毛糸　B_パープル 6g、
C_グレー 6g、D_ブルー 6g、E_グリーン 6g、
F_イエロー 4g、G_ベージュ 4g、H_オレンジ 4g、
I_ライトグレー 4g

極細モヘヤ糸　J_ミックス 8g

中細アクリル糸　K_レモンイエロー 10g

針 かぎ針 7/0号

編み方　*色は配色表を参照して編む。

1. わの作り目で四角モチーフは12目、三角モチーフは8目編み、配色表を参照しながら6種類のモチーフをそれぞれ指定枚数編む。
2. モチーフ18枚を図のように配置して巻きかがりでつなげる。
3. かぶせ部分を本体から54目拾って編む。
4. 縁編みを本体から54目拾って編む。
5. 本体を裏返してかぶせ部分を裏側に折り、両端を本体に巻きかがる。
6. ポンポン(K レモンイエロー)を4つ作り、本体の角に縫いつける。(ポンポンの作り方はP.87参照)

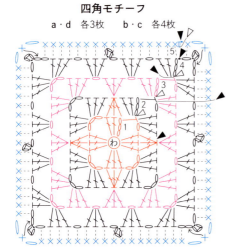

四角モチーフ
a・d 各3枚　b・c 各4枚

◁ 糸をつける
◀ 糸を切る

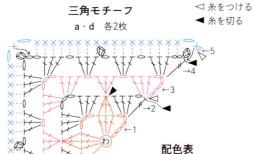

三角モチーフ
a・d 各2枚

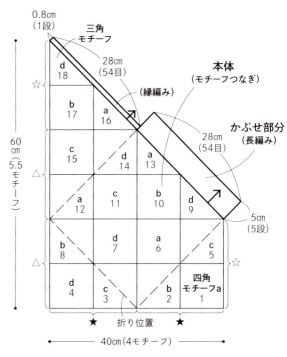

配色表

段	記号	a	b	c	d
5		B	C	D	E
3			☆ A+J		
2・4		A			
1		F	G	H	I

☆=2色の2本どり

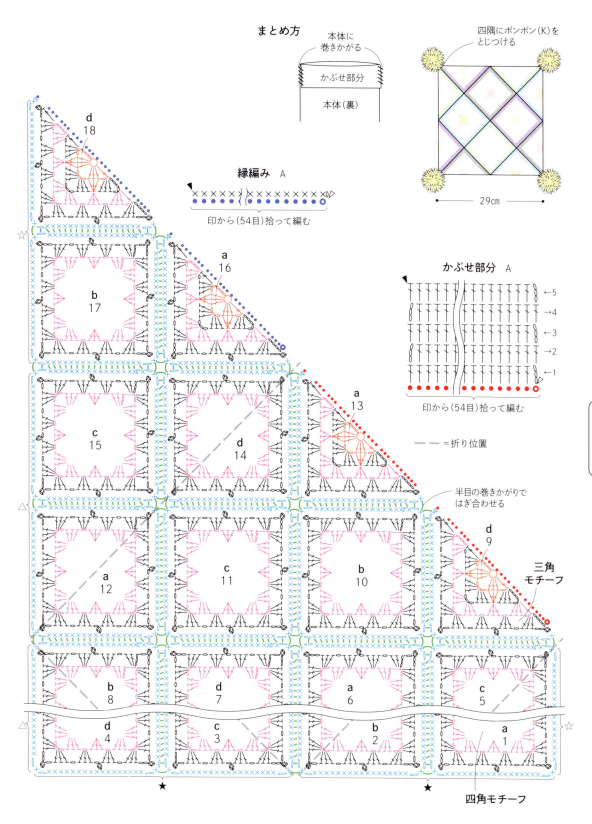

編まない小物 | ポンポン

37 リース

使用糸 合太毛糸

制作 横川博子

Point
好きな毛糸、好きな色、好きな大きさの
ポンポンを市販のリースに固定するだけ。
たっぷりつけるだけでこんなにかわいい。

How to make
合太毛糸を使い、直径3.5cmと2.5cmの
ポンポンを必要な数だけ作り、リースに
グルーガンで隙間なく貼りつけます。

38 オーナメント

使用糸 合太毛糸

制作 横川博子

Point
ポンポン2個とリボンで作るオーナメント。ドアチャーム、バッグチャーム、カーテンタッセルなど、使い方は自由です。

ポンポンの作り方（直径約3cm）

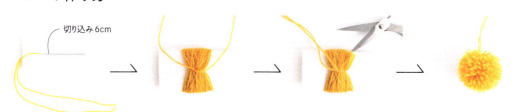

厚紙（4cm×8cm）の中央に切り込みを入れ、結びひも（約50cm）を挟む。

毛糸を約50回巻き、結びひもを巻いた糸の中央で固く結ぶ。

＊糸の太さによって巻く回数を加減する。

上下の輪をカットする。

毛糸を厚紙からはずし、丸く切り揃える。

＊作品ではポンポンの結びひもを細いリボンに替えて制作しています。

巻くだけ

39 ハンガー

使用糸 合太毛糸

制作 横川博子

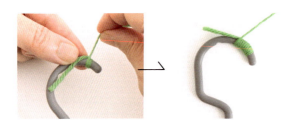

Point

市販のハンガーに毛糸を巻くだけで完成。
衣類のずり落ち防止にもなります。
毛糸は巻き始めの糸端を内側にして、
その上から巻いていきます。
巻き終わりは手芸用接着剤などで軽く固定。
飾りの固定にはグルーガンが便利です。

40 りんごのオブジェ

使用糸　合太毛糸

制作　横川博子

> **Point**
> 厚紙の芯に毛糸を巻くだけ。
> 愛らしいミニサイズなので、
> どこにでも飾っておけます。

芯には本物の小枝を
使っています。

作り方（リンゴの直径約4cm）

 →  →  →

厚紙（3.5×5cm）を筒状にしてテープでとめる。

幅2cmくらいに切ったキルト芯を厚紙の周りに巻く。

ほどよく丸くなったら、毛糸をとじ針に通し、芯の穴からくるくると巻きつける。

最後は糸端を筒の中に入れ、りんごの上部に小枝とフェルトの葉を手芸用接着剤でつける。

編み目記号
&
編み方

かぎ針編み

糸端をわにする作り目

二重のわを作る
★

★を持つ

針に糸をかけて引き出す

わの作り目のできあがり

必要目数を編み入れ、1、2の順にわを絞る

針に糸をかけて引き抜く

鎖編み

★
親指と中指で押さえる
図のように糸を引き出し、糸端を引いて目を引き締める

最初の目は1目とは数えない

鎖1目
針に糸をかけ、左図と同じ要領で引き抜く

【目の拾い方】

根元がついている場合 目に入れる

ついている

根元が離れている場合 束に編む

離れている

前段の目に針を入れて編む

前段の鎖目をそっくりすくって編む

✕ 細編み

前段の目に針を入れ、糸をかけて引き出す

再度、針に糸をかけて引き抜く

✕ 細編みのすじ編み（輪編みの場合）

前段の目の（頭の鎖）の向こう側1本を拾って細編みを編む

※ も同じ要領で編む

※細編みのうね編み（ ）も記号は同じ。編み方は往復編みの場合に毎段、前段の目の向こう側1本を拾って編む

✕ バック細編み

の立ち上がり

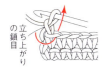
立ち上がりの鎖1目を編み、矢印のように針を入れる

針を糸の上から引っかけて、そのまま引き出す

針に糸をかけて引き抜く

バック細編みが1目編めた

2目めは1目戻った目に針を入れ、同様に編む

続けて左から右へ戻りながら進む

編み目記号＆編み方

中長編み

針に糸をかけ、前段の目に針を入れ、糸をかけて引き出す

糸をかける／未完成の中長編み
針に糸をかけ、一度に引き抜く

引き抜き編み

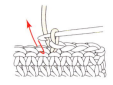
針に糸をかけ、一度に引き抜く

長編み

糸をかける
針に糸をかけ、前段の目に針を入れ、糸をかけて引き出す

針に糸をかけて引き出す

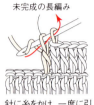
未完成の長編み
針に糸をかけ、一度に引き抜く

長々編み

2回巻く

未完成の長々編み

長編みの表引き上げ編み

※ ⌇ は同じ要領で中長編みを編む

前段の目の足に表側から針を入れる

針に糸をかけて引き出す

続けて、長編みと同じ要領で編む

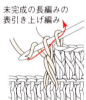
未完成の長編みの表引き上げ編み

長編みの裏引き上げ編み

前段の目の足に向こう側から針を入れる

針に糸をかけて引き出し、長編みと同じ要領で編む

未完成の長編みの裏引き上げ編み

※ と、⌇ は同じ要領で細編みまたは中長編みを編む

細編み2目一度　※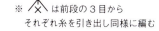

前段の2目からそれぞれ糸を引き出す　針に糸をかけ、一度に引き抜く

 細編み2目編み入れる　※

前段の1目に細編みを2目編む

 長編み2目一度　※

未完成の長編みを2目編み、針に糸をかけ、一度に引き抜く

 長編み2目編み入れる　※

前段の1目に長編みを2目編む

 中長編み3目の玉編み

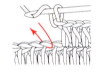

針に糸をかけ、前段の目に針を入れ、糸をかけて引き出す　未完成の中長編みを3目編む　針に糸をかけて一度に引き抜く

 長編み3目の玉編み

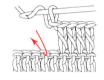  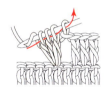

針に糸をかけ、前段の目に針を入れ、糸をかけて引き出す　未完成の長編みを3目編む　針に糸をかけて一度に引き抜く

 変わり中長編み2目の玉編み

針に糸をかけ、前段の目に針を入れ、糸をかけて引き出す　未完成の中長編みを2目編む　針に糸をかけて矢印のように引き抜く　再度、針に糸をかけて一度に引き抜く

編み目記号＆編み方

鎖3目のピコット

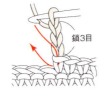

鎖3目を編み、前段の頭の鎖　　針に糸をかけて引き抜く
半目と足1本に針を入れる

 長編み1目交差

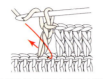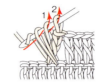

針に糸をかけ、前段の2目先　1目手前の目に矢印のように　最初に編んだ長編みをくるむ
の目に長編みを編む　　　　　針を入れる　　　　　　　　ように長編みを編む

巻きかがり（巻きはぎ）

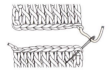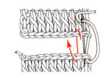

表側を手前にして2枚をつき合わせ、　向こう側から手前に針を入れ、1目ずつ
最終段の頭の鎖を2本ずつすくう　　　はぐ

引き抜きはぎ

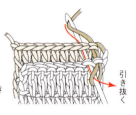

編み地を
中表に合わせ、
2枚一緒に引き抜き
編みをしてはぐ

引き抜き編みでモチーフをつなぐ

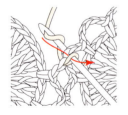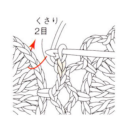

モチーフをつなげる位置まできたら、隣　続けて、必要目数の鎖を編み、元のモ
のモチーフのループに針を入れ、糸をか　チーフに戻って編み進める
けて引き抜く

縞模様の糸の替え方

糸を渡す

編んできた糸を切らずに手前に置き、次
の配色糸を向こう側から縦に引き上げ
て編む

ステッチの刺し方

レゼーデージーステッチ

**フレンチノットステッチ
（2回巻き）**

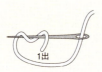

棒針編み

指でかける作り目

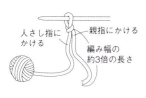
人さし指にかける
親指にかける
編み幅の約3倍の長さ

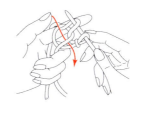

2目めのできあがり

│ 表目

─ 裏目

● 伏せ止め

①表編み ②かぶせる

表目を2目編み、左針で1目めを2目めにかぶせる

◿ 裏目の左上2目一度

前段の2目に右針を矢印のように入れ、糸をかけて引き抜く

◺ 右上2目一度

編まずに右針へ移す

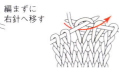
かぶせる

矢印のように右針を入れ、編まずに移す　次の目を表目で編む　1目めを2目めにかぶせる

◿ 左上2目一度

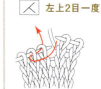

⤫ 右上2目交差

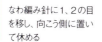

なわ編み針に1、2の目を移し、手前に置いて休める　3、4の目を表目で編み、1、2の目を表目で編む

⤬ 左上2目交差

なわ編み針に1、2の目を移し、向こう側に置いて休める　3、4の目を表目で編み、1、2の目を表目で編む

作品制作(五十音順)

青木恵理子

池上 舞

おのゆうこ(ucono)

Sachiyo＊Fukao

佐藤文子

spārni

横川博子

STAFF

ブックデザイン　中村 妙
撮影　松本のりこ
スタイリング　伊藤みき
製図・トレース　松尾容巳子
編み方イラスト　小池百合穂
編集　中田早苗
編集デスク　川上裕子(成美堂出版編集部)

撮影協力
UTUWA
AWABEES

本書に掲載した作品は複製して販売、頒布、コンテストなどに応募することは禁じられています。

余り毛糸があったから

編　者　成美堂出版編集部
発行者　深見公子
発行所　成美堂出版
　　　　〒162-8445　東京都新宿区新小川町1-7
　　　　電話(03)5206-8151　FAX(03)5206-8159
印　刷　共同印刷株式会社

©SEIBIDO SHUPPAN 2024　PRINTED IN JAPAN
ISBN978-4-415-33471-4
落丁・乱丁などの不良本はお取り替えします
定価はカバーに表示してあります

・本書および本書の付属物を無断で複写、複製(コピー)、引用することは著作権法上での例外を除き禁じられています。また代行業者等の第三者に依頼してスキャンやデジタル化することは、たとえ個人や家庭内の利用であっても一切認められておりません。